성공하는 직업인의
시간관리 자기관리

성공하는 직업인의
시간관리 자기관리

Manage Your Time
& Your Life!

성공하는 직업인의 시간관리 자기관리

정균승 지음

중앙경제평론사

머리말 Preface

　우리 사회에서 평생직장의 아성이 무너지면서 많은 사람들이 방황하고 있다. 일자리가 있는 사람은 지금 다니는 직장을 언제 그만두게 될지 모르는 불안감을 떨쳐버리지 못하고 있고, 일자리가 없는 사람은 마땅한 일거리를 찾지 못해 허둥대고 있다. 대학 졸업을 앞둔 20대 젊은이는 좀처럼 수그러들 줄 모르는 높은 청년실업률 앞에서 대학 문을 나서기조차 두려워하는 신종 '피터팬 증후군'에 시달리고 있다. 지금의 일자리가 썩 마음에 들지는 않지만 삭풍이 휘몰아치는 거리로 나갈 만한 자신이 없어 어정쩡하게 직장에 눌러앉아 있는 사람도 있다.

　이유야 어찌 됐든 이들은 지금 행복하지 않다. 인간의 평균 수명은 점점 늘어나는데, 직장에서 일할 수 있는 기간은 갈수록 짧아진다. 살아남기 위한 보이지 않는 경쟁이 점점 치열해지는 마당에, 자칫 경쟁에서 낙오되기라도 해서 언제 잘릴지 모르는 위태로운 상황에 있다면, 하루도 심신이 편할 날이 없을 것이다. 그런데도 상당수 사람들은 여전히 기존의 직업에 대한 패러다임을 크게 바꾸지 못한다.

　직장과 직업은 매우 유사하면서도 개념이 분명히 다르다. 직장이라는 개념 속에는 '일을 하는 장소(場)'에 더 중요한 의미가 있다. 반면에 직업이라는 개념 속에는 '하고 있는 일(業)'이 무엇이냐에 더 중요한 가치가 있다. 과거에는 직장이 중요했다. 어느 회사에 다니고 어떤 직장에 몸담고 있느냐가 그 사람의 정체성을 말해주는 상징이었다. 하지만 지금은 달라졌다. 일하는 장소가 회사이든 조직이든, 규모가 크든 작든, 현실공간이든 가상공간이든, 혼자 일하든 여럿이 함께 일하든, 거기에서 하는 일이 무엇이냐가 가장 중요한 핵심으로 부상하고 있다.

그것이 어떤 일이 되었든 남과 차별화할 수 있는 전문성과 독창성 그리고 시장성을 갖춘 사람은 그 일을 하면서 점점 더 많은 가치를 추구할 수 있지만, 누구나 쉽게 모방할 수 있고 비전문적이어서 시장이 공급과잉 상태에 있는 일을 하는 사람은 갈수록 팍팍한 삶을 살지 않을 수 없는 시대가 우리 앞에 펼쳐지고 있다. 이제 일은 닥치는 대로 해도 되는 시대가 아니다. 러시아의 문호 막심 고리키의 표현대로, '좋아서 일을 하면 삶은 낙원이지만, 의무감 때문에 마지못해 일을 하면 삶은 지옥' 인 세상이 오는 것이다.

일의 세계를 지배하는 게임 규칙이 송두리째 바뀌는 현실에서 우리는 누구나 예외 없이 직업에 대한 새로운 설계와 구상을 해야 할 필요가 있다. 잘나가는 사람은 잘나가는 대로, 터덕거리는 사람은 터덕거리는 대로, 모두 새로운 마인드와 전략으로 자신의 직업세계에서 더 훌륭한 성과를 거두어 개인의 행복과 사회의 후생 증진에 기여하는 미래의 삶을 창조해야 한다.

이제 개인은 어디에서 무슨 일을 하든 관계없이 자신을 구조조정하고 거듭나지 않으면 안 되는 시대가 되었다. 한때 전성기를 누렸던 평생직장의 신화는 그야말로 신화일 뿐이다. 아직도 그 환상에서 깨어나지 못한 사람이 있다면 그는 시간이 더 흐른 후에 참으로 당혹스러운 상황에 직면하게 될 것이다.

이 책은 달라지는 세상에서 우리가 직업과 직장에 어떤 마음자세로 임해야 하고, 일을 통해 어떻게 하면 자신의 미래를 좀더 행복하게 설계하고 좀더 가치 있는 삶을 살아갈 수 있을지 함께 고민해보고 더욱 바람직한 방향을 모색해볼 목적으로 썼다. 특히 평생직장을 대신하여 평생직업의 개념으로서 자신에게 가장 잘 어울릴 직업을 찾고 그것을 계발하여 일을 통해 미래에 좀더 행복한 삶을 영위하기 위한 구체적인 시간관리와 자기관리 방법을 제시하고 실천하게 하는 데 역점을 두고 집필했다.

또한 여기에서 언급하는 이야기는 필자의 소견도 들어 있지만 탁월한 지혜와 식견을 지닌 수많은 선각자들의 소중한 체험담과 동서고금을 통해 전해오는 고귀한 문헌에 담겨 있는 정보와 지식 그리고 무한한 정보의 바다를 마음대로 서핑할 수 있게 항상 열려 있는 인터넷이 있었기에 가능했다.

이 책은 자신의 삶의 가치에 대해 진지하게 성찰해 가슴속에서 점점 식어가던 열정의 화로에 다시 뜨거운 불씨를 지피려는 사람과 함께 생각하고 느끼며 새로운 발걸음을 내딛기 위해 세상에 나왔다.

이 책이 자신에게 가장 잘 어울리는 직업을 발견하고 그 일에 자신의 남은 인생을 걸어보고 싶어하는 사람들에게 미력이나마 도움이 되며, 그들의 고귀하고 소중한 삶을 위해 작지만 가치 있는 밀알이 되면 좋겠다.

미룡동 연구실에서
정 균 승

Contents

<table>
<tr><td>2장</td><td>평생직업을 찾아서</td></tr>
</table>

직장이 아니라
직업이 중요한 시대

직장이 아니라 직업이 중요한 시대

매년 수많은 사람들이 새로이 직업세계에 뛰어들거나 다니던 일자리에서 물러난다. 더 많은 사람들은 직장이나 직업을 옮겨 다닌다. 그런가 하면 지금 하는 일을 당장이라도 그만두고 싶지만 어쩔 수 없는 현실적인 이유 때문에 차마 행동에 옮기지 못하는 이들도 있다.

부양해야 할 가족이 있고 지불해야 할 청구서가 있기 때문에 업무에서 불만이 있더라도 지금의 무난한 직장을 포기하지 못하는 사람이 있다. 언제 찾아올지 모르는 해고의 공포 앞에서 전전긍긍하며 호시탐탐 새로운 일자리를 찾아 마음은 사무실 밖을 서성거리지만, 마땅한 대안이 없어 그냥 눌러앉아 있는 사람도 있다.

그 이유가 무엇이든 오늘날 모든 사람에게 일과 직업을 둘러싼 안정과 변화의 담론은 최대 관심사가 아닐 수 없다. 과거와는 너무도 달라진 세태 속에서 원하든 원하지 않든 우리는 자신의 직업과 관련하여 다양하게 선택해야 하는 시대를 살아가고 있다. 특히 최근 불거진 고용의 불안정성은 이제까지 우리가 한번도 경험해본 적이 없는 일이기 때문에 더욱 당혹감과 불안감을 떨치지 못하게 한다.

우리가 하는 일에는 두 가지 부류가 있다. 하나는 자신을 위해서 하는 일이고, 다른 하나는 남을 위해서 하는 일이다. 사람은 누구나 가능하면 자신의 일을 하고 싶어한다. 그러나 자신의 일을 하고 싶다고 해서 마음만 먹으면 언제든지 그렇게 할 수 있는 것은 아니다. 왜냐하면 자기 일을 하기 위해서는 최소한의 기본 요건을 갖추고 있어야 하기 때문이다.

그 요건이라 함은 어떤 형태가 되었든 '일의 시스템'을 갖추는 것을 의미한다. 그것은 사업일 수도 있고 자영업일 수도 있으며, 저술활동이나 창작활동일 수도 있다. 만일 이 요건이 충족되지 않으면 자신의 일을 하고 싶어도 할 수 없다. 그때는 어쩔 수 없이 다른 선택을 해야 한다. 바로 남의 일을 해야 하는 것이다.

남의 일을 해주는 전형적인 모델이 직장에 다니는 것이다. 단도직입적으로 말해서 직장에 다니는 것은 남의 일을 해주러 다니는 것이다. 그렇다면 왜 남의 일을 해주는 것일까? 남의 일을 해주면 그 대가로 돈을 받고, 그 돈으로 나중에는 자신이 하고 싶은 일을 하면서 살 수 있을 것으로 기대하기 때문이다.

자기 인생을 위하여 자기 삶의 일부를 남을 위해 쓰는 사람, 이들이 바로 '직장인'이다. 그런데 그렇게 해서 직장생활에 점점 익숙해지다 보면 어느새 직장과 봉급이 삶의 거의 전부가 되어버린다. 직장 일에 매달리다 보면 언제부턴가 자기가 하고 싶었던 일이 무엇이었는지조차 까마득히 잊어버리고 '집-직장-집-직장'을 왔다갔다하며 다람쥐 쳇바퀴 돌 듯 삶을 살아간다.

그나마 과거에는 그렇게 할 수 있었다. 하지만 이제 우리 사회에서 안정된 직장을 찾는다는 것은 매우 어려운 일이다. 앞으로는 더욱 그럴 것이다. 아니 어쩌면 세상 어디에도 안정된 직장은 존재하지 않을지도 모른다. 왜냐하면 근본적으로 직장이란 자신의 것이 아니라 다른 누군가의 것이고, 거기에서 하는 일이란 자신의 일이 아닌 남의 일이나 남의 사업을 도와주는 활동이기 때문이다.

그러므로 진정으로 안정된 직장을 찾으려면 자신이 원하는 자기 일을 찾아내고 거기에 시간과 열정과 역량을 쏟아부어야 한다. 단순히 직장에 다니는 차원을 넘어서서 자기만의 직업이 있어야 한다. 직장이 남을 위해 일하는 것이라면, 직업은 자신을 위해 일하는 것이다. 직장은 언젠가 떠나야 하지만, 직업은 자신이 원하면 언제까지라도 할 수 있다.

직장보다는 직업이 중요한 이유가 바로 여기에 있다. 고실업이 보편화된 시대에 자기 직업이 없이 단지 직장만 다니는 것은 삶을 매우 불안하게 사는 것이다. 이제 실업자는 단순히 직장이 없거나 일을 하고 싶어도 일자리가 없는 사람만을 일컫는 말이 아니다. 자신이 하고 싶고 잘할 수 있는 일이 직업이 아닌 사람은 설사 지금 직장에 다니고 있더라도 잠재적인 실업자라고 할 수 있다. 그에게는 늘 실업의 어두운 그림자가 졸졸 따라다닐 것이다.

일생을 통틀어 경제활동을 할 수 있는 시간은 한정되어 있다. 평균 수명을 80세로 가정했을 때 보통 30~40년이 일할 수 있는 시간이다. 이 기간에 우리는 평생 쓸 돈을 벌어야 한다. 어쩌면 30년 동안 벌어서 50년 동안 써야 하는 것이 우리 삶인지 모른다.

그러나 시대는 갈수록 벌기는 힘들고 쓸 데는 많아지는 기류를 보이고 있다. 그렇다면 이쯤에서 누구나 한 번쯤은 자신이 하는 일에 대해 명확히 규정하고 미래를 살아갈 필요가 있다. 과거와는 전혀 다른 환경이 도래했는데도 여전히 과거와 같은 패러다임으로 일의 세계에 임해서는 점점 더 큰 난관에 봉착할 위험이 크기 때문이다.

그런 의미에서 세상이 어떻게 변하고 있고, 직장에는 어떤 변화의 바람이 불고 있으며, 그 외중에서 각자는 어떤 선택과 집중을 통해 좀더 행복하고 멋진 미래를 창출할 수 있을지 그 구체적인 실천 방안을 모색해보는 것은 매우 가치 있는 일이라 할 수 있다.

1장

직장에 부는 변화의 바람

어느 직장인의 삶

오늘도 사무실 책상에 쌓여 있는 서류 더미들, 회의 때마다 쪼아대는 상사의 잔소리, 뜬금없이 떠도는 구조조정을 둘러싼 음울한 루머들……. 직장생활을 하다 보면 거의 매일 반복되는 일상이긴 하지만, 퇴근시간이 가까워질수록 스트레스가 더 쌓이는 것은 어쩔 수 없다. 그렇게 직장에서 고단한 하루를 접을 때쯤 동료의 반가운 제안이 들려온다.

"어이, 기분도 그런데 오늘 한잔 어때?"

의기투합한 동료 몇 명의 발걸음이 이내 회사 근처 단골 술집으로 향한다. 일주일에 몇 번씩 술자리에 가지만 삼겹살에 소주는 언제 먹어도 궁합이 잘 맞는다. 빈 소주병 숫자가 하나, 둘씩 늘어갈수록 '안줏감'은 더욱 풍성해진다.

깐깐한 상사에 대한 험담에서부터 닭살 돋는 아부 발언을 일삼는 동료에 대한 성토에 이어 정치·경제·사회 등 나라 돌아가는 꼬락서니 이야기를 두루 거쳐 나중에는 자신의 신세타령에 이르기까지 레퍼토리는 끝없이 이어진다.

이쯤 되면 제법 거나해진 누군가 먼저 제안을 한다.

"야! 2차 가자. 이번엔 내가 쏜다!"

마지막 입가심으로 포장마차에 들렀다 집에 돌아오면 어느새 자정을 넘긴 시간이다. 겨우 눈을 좀 붙였다 싶은데 벌써 아침이 되고 밥을 먹는 둥 마는 둥 몇 숟가락 뜨고 정신없이 출근길에 오른다. 그렇게 한 주일이 지나가고 주말과 휴일이 되면 평소 부족했던 잠 보충하느라 다른 데 시간을 낼 겨를이 없다.

그러다 보면 한 달이 가고 1년이 지나간다. 직장생활을 하다 보면 늘 그러려니 하게 되고 남들도 다 그렇게 살아간다고 위안도 해보지만, 마음 한 구석에서 왠지 모를 불안감이 엄습해오는 것을 어찌 할 수 없다. 크리스마스가 다가오고 한 해가 저물어갈수록 우울한 기분을 떨쳐버릴 수 없다.

그리하여 연초가 되면 비장한 각오로 새 출발을 약속한다. 올해는 뭔가 해내고야 말겠다고 다짐하며 남들 다 하는 어학공부도 하고 자격증 준비도 할 겸 학원에 등록한다. 그러나 이미 견고하게 몸에 밴 직장생활의 습관은 좀처럼 변화를 허락하지 않는다. 게다가 갈수록 늘어나는 업무 부담, 주변의 곱지 않은 시선, 작년과 다르게 딸리는 체력, 점점 녹슬어 가는 두뇌 등 주변의 무엇 하나 모처럼의 변신을 도와주려고 하지 않는다.

결국 얼마 지나지 않아 두꺼운 현실의 벽을 절감하고 중대한 선언을 한다.

"직장인으로서 조직생활을 하면서 나 자신을 위해 시간을 할애한다는 것은 일종의 사치다!"

양이 사람을 잡아먹다

지금부터 약 500년 전 영국에서는 희한한 일이 벌어졌다. 순하기 짝이 없는 양들이 사람을 몰아내는 사건이 발생했던 것이다. 그 당시에 도대체 무슨 일이 일어났던 것일까? 자초지종은 이러했다.

16세기에 들어서자 아메리카에서 유럽으로 금·은이 대량으로 유입되면서 물가가 올라가기 시작했다. 당시 토지에서 나오는 고정된 수입에만 의존하던 영주들에게 물가 상승은 큰 타격을 주었다. 특히 양모 가격은 폭등하는데 비해 토지 가격은 제자리걸음을 면치 못하자 영주들은

더 참지 못하고 본격적인 행동에 나섰다.

그들은 토지를 목장으로 바꾸기 시작했다. 이것이 1500년경 영국의 튜더 왕조 때부터 등장한 ‘인클로저(encloser) 운동’이다. 인클로저란 단어의 뜻 그대로 토지에 울타리를 친다는 의미다. 많은 양을 방목하려면 그만큼 넓은 땅이 필요했는데, 목장으로 만들려는 땅 안에 사는 농민이 가장 큰 골칫거리였다.

그리하여 지주들은 농민들을 쫓아내기 시작했고, 안 나가겠다고 버티는 농민들을 폭력과 방화를 비롯하여 수단과 방법을 가리지 않고 몰아냈다. 사람이 쫓겨난 자리에 양떼가 들어서는 것을 보고 토머스 모어는 “양이 사람을 잡아먹는다”라는 유명한 말을 남기기도 했다.

영국의 전원이 아름다운 녹색의 풀밭으로 변해갈수록 농민의 고통은 더욱 커져만 갔다. 도처에서 인클로저에 저항하는 농민 봉기가 이어졌지만 모두 부질없는 짓이었다. 당시의 시대 상황은 수많은 농민들의 안타까운 절규를 외면하고 말았다.

인클로저는 경제사에 큰 획을 긋는 사건이었다. 정들었던 땅에서 쫓겨난 수백만 명의 농민들은 낯선 도시로 흘러들어가 때마침 번성하던 공업 부문에 값싼 노동력을 제공하고 임금이라는 품삯을 받는 노동자 신분으로 변신했다.

한편 중세까지 가정에서 주로 수공업으로 만들어지던 것이 도시로 흘러들어간 값싼 노동력으로 공장에서 대량 생산되면서 사람들의 삶에도 변화가 많이 생겼다. 집에서 만든 것보다 더 저렴하고 더 질 좋은 상품이 시장에 쏟아져 나오면서, 사람들은 집 대신 공장에 나가 일을 하고 거기서 받은 임금으로 시장에 가서 물건을 구입했다. 생산과 소비가 분리되기 시작했고, 가정이 생산 중심지에서 소비 중심지로 탈바꿈하게 된 것이다. 이것이 직장과 임금의 역사가 등장하게 된 논픽션 드라마의 예고편이다.

현대판 인클로저

그로부터 500년이 지난 지금 우리는 다시금 '현대판 인클로저'를 떠올릴 수밖에 없는 일을 수없이 경험한다. 직장을 천직으로 알고 살아가던 수많은 노동자가 일터에서 쫓겨나고 있다. 이번에는 양떼가 원인을 제공한 것이 아니다. 양들은 침묵하고 있을 뿐이다. 대신 컴퓨터와 인터넷이 사람의 일자리를 급속도로 빼앗아가고 있다.

생산현장에서 노동자가 일하던 자리에는 로봇과 전자 제어장치가 24시간 내내 잠도 자지 않고 돌아간다. 유니폼을 입고 사무실에서 근무하던 사람의 자리에는 컴퓨터와 첨단 사무자동화 기기들이 떡 버티고 앉아 있다. 생산직과 사무직 노동자가 흔들리자 그들을 지휘하고 감독하던 중간 관리자가 할 일도 없어지기 시작했다.

산업사회의 근간을 이루었던 생산직·사무직·관리직에 총체적인 위기가 몰아닥친 것이다. 이 위기는 바로 산업사회의 쇠퇴를 의미하는 것이다. 그 구체적인 증거가 있다. 1500년대 초 암울했던 영국의 풍경이 500년이 지난 지금 한국에서 그대로 재현되고 있는 것이다.

한 중소도시에 있는 초코파이 생산공장은 5년 전만 해도 50여 명의 종업원이 생산에 참여하여 중국에 수출하는 것으로만 연간 80억 원의 수입을 올렸다. 최근 이 공장은 중국에 초코파이를 수출하여 연간 100억 원의 수입을 올리고 있다. 그런데 이 생산과정에 참여하는 종업원은 단 한 명도 없다. 생산공정이 완전 자동화되면서 고용 없는 매출 증가를 실현하고 있는 것이다.

산업사회의 뿌리가 흔들리자 사람들은 더 참고 있을 수만은 없었다. 그리하여 그들은 행동에 나섰다. 1980년대에 거리로 뛰쳐나온 사람들은 주로 공장에서 일하던 생산직 노동자였다. 이어 1990년대에는 사무실에서 일하던 넥타이 차림의 사람들이 거리로 쏟아져 나왔다. 그것은 한마디로 블루칼라와 화이트칼라의 절규였지만, 이번에도 역시 시대 상황은 그들의 손을 들어주지 않았다.

컴퓨터와 인터넷, 자동화와 기계화로 삶의 보금자리를 잃고 거리로 내몰린 사람들, 그들은 앞으로 무슨 일을 하며 어떻게 먹고살아가야 할까? 더욱이 제레미 리프킨이 예견한 것처럼 2050년경에 이르러 경제활동인구의 단지 5%만 가지고도 산업계에 필요한 노동력을 충당하고도 남는 시대가 현실로 와버린다면, 앞으로 사람들의 일의 형태와 삶의 모습은 어떻게 달라져 있을 것인가?

21세기 초입에서 만나는 암울한 모습의 미래, 그러나 속수무책으로 앉아 있기에는 결코 남의 일일 수만은 없는 심상치 않은 현실 앞에서 우리가 기댈 곳은 어디에도 없다. 이제 자신을 지켜줄 수 있는 유일한 주체는 오직 자기 자신뿐임을 직시하여, 자신의 미래를 미리 준비하는 안목과 혜안을 갖추는 것이 어느 때보다 중요한 시점이 바로 지금이다.

"당신의 조직을 위해 충성을 다하라. 그러면 안정된 노후를 책임져주겠다."

이것은 조직폭력배의 약속이 아니다. 사실은 태어나서 지금까지 회사 문화에 익숙해져 있는 모든 직장인에게 자장가처럼 포근함을 안겨주던 산업사회의 복음과도 같은 말이었다.

회사를 뜻하는 영어 단어 'company'는 '함께'를 의미하는 'com'과 라틴어로 '빵'을 의미하는 'panis'가 합쳐진 말이다. 여기서 알 수 있듯이 본래 회사의 어원은 '함께 빵을 만들어 먹는다'는 뜻이 있다. 같이 먹고살자고 사람들이 모여 만든 조직이 회사인 것이다.

노후를 편안하고 안락하게 맞이하고 싶어하는 모든 사람에게 실제로 회사나 조직은 든든한 보루임이 틀림없었다. 한때는 정말 그랬다. 조직의 규모가 클수록 그에 비례해서 조직의 구성원에게 돌아가는 몫도 컸다. 그래서 많은 사람들이 대규모 조직의 일원이 되기 위해서 안간힘을 썼다.

대기업에 입사하여 성실하게 일하면 자동으로 승진되

었고, 급여는 점점 많아졌다. 정년은 보장이 되었으며, 회사를 그만둘 때는 두둑한 퇴직금과 함께 노후연금까지 수령했다. 그것은 직장에 혼을 바친 개인에게 조직이 줄 수 있는 최고의 선물이었다. 그렇게 해서 소위 '회사인간(company man)'은 충성을 담보로 안정을 보장하는 산업사회의 시스템에서 가장 이상적인 인간의 모델이었다.

회사인간은 단지 노동현장에서만 존재하는 것이 아니었다. 직장은 경제문제를 해결하는 유력한 수단이었을 뿐만 아니라 삶의 거의 모든 것을 지배하는 이데올로기적인 의미를 담고 있었다. 어떤 직장에 들어가느냐가 사회에서 그 사람의 능력을 판단하는 결정적인 잣대가 되었고, 직장에서 쫓겨나거나 직장을 떠난다는 것은 사회 부적응아이자 열등생의 낙인이 찍히는 끔찍한 일이었다.

그래서 사람들은 좋은 직장에 들어가기 위해서 좋은 대학을 나와야 했고, 좋은 대학에 입학하기 위하여 좋은 고등학교에 진학해야 했다. 소위 명문 또는 일류 대학에 들어간다는 것은 남은 인생을 보장받을 수 있는 종신보험에 가입했다는 의미로 통했으며, 그 티켓을 확보하기 위하여 치열한 입시경쟁이 벌어지지 않을 수 없었다.

학교교육만으로는 부족함을 느낀 수많은 학부모가 심

지어 생활고를 겪으면서까지 자녀의 과외비와 학원비를 마련하기 위해 전전긍긍하지 않을 수 없었던 것도 따지고 보면 모두 좋은 직장을 얻기 위한 처절한 몸부림이었다. 직장을 잃으면 그것이 삶에 대한 상실감으로 이어져 견딜 수 없는 고통으로 다가오는 것만 봐도 우리 시대를 살아가는 거의 모든 사람들에게 직장이란 존재가 얼마나 큰 비중을 차지하는가 확실히 알 수 있다.

그러나 최근 들어 절대 무너지지 않을 것 같던 직장의 신화가 여기저기서 균열 조짐을 보이기 시작했다. 그것은 한국 경제가 외환위기로 심각한 어려움을 겪던 1990년대 말에 찾아왔다. 외환위기는 단지 일시적인 경제위기 상황으로 매듭지어지지 않았다. 오히려 그것은 경제의 판을 송두리째 바꾸는 서곡에 지나지 않았다.

모든 기업의 경쟁은 로컬 차원에서 글로벌 차원으로 바뀌었으며, 자연히 시장은 국경 없는 지구촌 단일시장으로 변모했다. 그에 따라 기업은 살아남기 위하여 기업 경영을 혁신적으로 하지 않을 수 없게 되었다. 좀더 유리한 입지조건을 찾아 공장을 해외로 옮기기 시작했다.

그렇게 해서 가까운 중국으로 생산기지를 옮겨갔고, 동남아시아 여러 나라를 거쳐 이제는 중앙아시아에까지 진출하게 되었다. 공장이 해외로 빠져나갈 때마다 생산 현장에 있던 많은 노동자들의 일자리도 그만큼 줄어들었다. 노동조합은 이러한 상황을 속수무책으로 바라보고만 있어야 했다.

그뿐만이 아니다. 변신을 시도하는 김에 기업들은 아예 자동화·기계화·디지털화에 더욱 박차를 가하게 되었고, 자체적으로 경쟁력이 없다고 판단되는 주요 업무에 대해서는 과감하게 아웃소싱을 추진했다.

기업의 이런 생존전략에는 공통점이 하나 있다. 한결같이 고용감축과 직결되어 있다는 점이다. 종업원을 가족처럼 대우하겠다던 회사의 약속은 거짓말임이 탄로났다. 적어도 가족으로 생각한다면 아무리 경제형편이 어렵더라도 아무런 대책 없이 밖으로 내몰지는 않는다. 그러나 기업은 회사가 어려워지자 제일 먼저 데리고 있던 종업원을 쫓아냈다. 함께 빵을 만들어 먹는다는 회사의 본래 취지와는 달리 그들은 회사원을 더는 가족으로 생각지 않았던 것이다.

그리고 또 몇 년이 지났다. 이제 한국에서 직장생활을 하는 직장인은 다 아는 사실이 하나 있다. 그것은 직장은 장기적으로 안정을 보장해주지 못한다는 것이다. 직장은 다만 자신의 경제적 독립을 확보할 수 있는 미래의 어떤 시점까지 일시적으로 머무르기에 안성맞춤인 장소일 뿐이지 결코 영구히 함께 할 수 있는 파트너가 아니라는 인식이 점점 확산되고 있다.

달라지는 직장 문화

외환위기 이후 각 기업이 생존과 경쟁력 강화 차원에서 앞다퉈 '종신고용'과 '연공서열'을 파괴하고 있다. 기업이 상시 구조조정 체제로 전환하면서 대규모 명예퇴직이 수시로 이루어지고 있다. 지난 1996년 S사가 820명의 직원을 명예퇴직하게 하면서 불기 시작한 구조조정의 태풍은 이제 기업의 일상적인 문화로 자리 잡아가고 있다. 기업은 수익성이 떨어지거나 기업 경영에 위기의 조짐이 조금이라도 보이면 사람부터 줄여나갔다.

이 때문에 봉급생활자는 40대만 되면 직장을 그만둘 생각을 해야 하고, 현재의 직장에 매달리기보다는 더 나은 곳을 찾아가거나 전업을 생각하게 되었다. 평생직장이 사라지고 이직에 대한 거부감이나 공포감이 줄면서 직장을 수시로 바꾸는 '메뚜기 직장인'이 늘고 있다. 이제 직장인은 한 직장에 안주할 수 없는 상황이기 때문에 언제라도 조건이 좋은 직장이나 직종으로 훌쩍 뛸 준비를 하고 있는 것이다.

한국노동연구원의 자료에 따르면 국내 30대 그룹과 금융기관 및 공기업의 직원 수는 IMF 외환위기 직전인 1997년 10월 155만 9천 명에서 2001년 말에는 122만 2천 명으로 약 33만 7천 명이 줄었다. 특히 상시 구조조정에 따른 퇴직은, 떠난 이들은 물론이고 남아 있는 이들에게도 조직에 몸담고 있는 동안 최선을 다할 뿐 '평생직장'이라는 생각을 함께 떠나보내게 만들었다.

2002년에 현대경제연구원이 100대 그룹 임직원 436명을 대상으로 실시한 설문조사에서는 전체 응답자의 79.1%가 '평생직장이라는 생각이 사라졌다'고 말했다. 외환위기 이후 가장 큰 변화를 겪은 금융업 종사자의 84%는 아예 '평생직장이 없다'고 했다. 또한 응답자의 45.4%가 '향후 5년 이내에 현재의 직장에서 다른 직장으로 전직할 의사가 있다'고 응답했다. 이는 직장을 '절대로 옮기지 않겠다'는 응답자보다 3배 이상이나 많은 수치였다. 특히 전직할 의사를 밝힌 응답자는 제조업과 30대에서 가장 많은 것으로 나타났다.

한번 올라타기만 하면 종착역까지 무사히 데려다주던 평생직장이라는 열차가 사라져버린 지금, 스스로 살아남기 위한 직장인들의 자구 노력이 한창이다. 조직을 위해 개인이 희생하던 시대는 지났다는 인식이 확산되면서 부단한 자기계발을 통해 자기 몸값을 올리지 않으면 살아남기 힘들다는 것을 그들은 누구보다 잘 알기 때문이다.

한국경영자총협회가 2002년에 전국 1,326개 기업을 대상으로 실시한 설문조사에서 대상 기업의 66.8%가 연봉제를 실시하고 있거나 조만간 실시할 계획이라고 대답하는 상황에서, 자신이 일하는 분야에서 전문성을 확보하지 못하면 어디서도 환영받지 못하는 천덕꾸러기 신세로 전락할 수밖에 없는 것이 오늘날 한국의 고용문화의 현주소다.

"한국인은 일생 동안 직장이 평균 5개다." 이는 온라인 헤드헌팅 컨설팅 전문업체가 2002년에 경력 3년 이상의 직장인 1,542명을 대상으로 '평생 동안 직장을 몇 번 옮겨 다닐 것으로 예상하는가'라는 설문조사를 한 결과다. 이것은 보통 직장인이 20대 중반에 취업해 50대에 퇴직한다고 가정하여 평균 직장생활 연수가 25~30년인 것을 감안할 때 보통 5~6년에 한 번씩 직장을 옮길 계획인 것으로 해석할 수 있다.

　이직 예상 횟수별 빈도는 3회가 26.1%(402명)로 가장 많았고, 5회가 24.6%(379명), 4회가 17.8%(275명), 7회 이상 13.9%(215명), 2회가 8.5%(132명)로 나타났다. '한 번 직장은 평생직장'이라는 신념이 있는 사람은 전체 응답자의 0.6%에 지나지 않았다. 이직을 고려하는 원인에 대해서는 '연봉을 더 많이 받기 위해서'라는 응답이 37.2%(573명)로 가장 많았고, '경력관리를 위해서' 31.6%(488명), '근무환경이 맘에 들지 않아서' 12.3%(189명), '업무 성격을 바꾸기 위해서' 6.5%(100명) 등의 순이었다.

탈직장화 추이

　달라지는 직장 문화는 이것뿐만이 아니다. 오늘날 직장인은 이중의 딜레마에 빠져 있다. 업무는 과중하여 업무 인플레이션 상태인 반면, 보수는 점점 열악해져 보수 디플레이션 상태에 있는 소위 '직장 스태그플레이션(job stagflation)' 현상에 허덕이고 있는 것이다.

한 조사에 따르면 직장인의 약 80%는, 한편으로는 지금 하는 일이 썩 내켜서 하는 것이 아니고 하기 싫지만 해야 하는 데서 오는 권태감이 있으면서도, 다른 한편으로는 혹시 지금의 직장에서 잘리지나 않을까 하는 두려움에 떨고 있다고 한다. 이 권태감과 두려움의 이중고는 기회가 되면 회사를 떠나야겠다는 '탈직장화' 현상으로 나타나기도 한다.

이제 직장은 단지 시한부 안전지대일 뿐이라는 인식이 확산되면서 사람들은 누군가에게 고용되느니 차라리 자기가 자신을 고용해야 한다고 생각하기 시작했다. 자신과 가족이 먹고살아야 할 밥그릇이 고용주의 손에 들어 있다는 것은 항상 불안한 일이 아닐 수 없다. 그리하여 고용주의 손에 있던 밥그릇을 찾아 자신이 직접 원하는 만큼의 밥을 담겠다고 나서는 사람이 점점 늘어나는 것이다.

오늘날 많은 사람들의 입에 회자하는 '1인 기업가' 나 '프리랜서' 또는 '프리 에이전트' 같은 용어는 이렇게 해서 탄생했다. 최근 우리 사회에는 창업, 소호 또는 프랜차이즈처럼 다양한 형태로 개인 사업을 시작하려는 1인 기업가가 속속 출현하는 양상을 보이고 있다. 이것이 불과 10년 전과 비교했을 때 너무도 달라져 있는 한국의 경제

현실이다.

그러나 미국의 최근 통계자료를 보면 그렇게 이례적인 일만도 아니다. 2002년 말 현재 미국에서는 11초당 1명씩 1인 기업가가 탄생하고 있다. 일주일에 5만 명이 독립사업가로서 새로운 삶을 시작하는 것이다. 과거를 돌이켜 보건대, 오늘날 미국에서 일어나는 일은 일정한 시차를 두고 한국에서도 일어난다. 머지않아 직장인의 독립선언이 성난 파도처럼 밀려올 것으로 보인다. 바야흐로 산업사회와 운명을 함께 해온 '직장 지상주의'의 패러다임이 서서히 종말을 고하고 있는 것이다.

독수리와 참새의 패러다임

창공을 낮게 날아다니는 참새는 쉴 새 없이 날개를 푸드덕거린다. 잠시라도 날갯짓을 멈추면 이내 추락하고 말기 때문이다. 그러나 창공을 높이 날아다니는 독수리는 날개를 활짝 편 채 거의 움직이지 않아도 멀리 날아갈 수 있다. 마찬가지로 정신적·물질적으로 하늘을 높이 나는 사람은 참새처럼 파닥거리며 살지 않는다. 그러나 낮은

곳을 날아다니는 사람은 잠시 쉴 틈도 없이 파닥거리지 않으면 안 된다. 조금이라도 멈추면 금방 추락하고 말기 때문이다.

우리는 지금 어떤 날갯짓을 하고 있는가? 독수리처럼 날고 있는가, 아니면 참새처럼 날고 있는가? 만약 지금 하는 일이 쉴 새 없이 움직여야만 하는 참새의 날갯짓을 닮았다면, 어떤 변화를 모색해봐야 하는 것이 아니겠는 가? 언제까지나 그토록 고단하게 살 수만은 없지 않은가!

하지만 아무리 독수리처럼 높이 날고 싶어도 참새처럼 행동하며 산다면 결코 하늘로 높이 비상할 수 없다. 설령 지금보다 배나 더 부지런히 날개를 움직인다고 해도 참새가 올라갈 수 있는 높이는 한정되어 있다.

그러므로 하늘을 높이 비행하려면 우선 독수리의 패러다임을 가져야 한다. 참새처럼 행동하는 습성을 과감히 버리고 독수리처럼 살기 위해 치열한 변화를 시도해야 하는 것이다. 마찬가지로 만약 현재 우리의 삶이 우리가 원하던 것이 아니라면, 과감하게 '과거와 결별'을 선언해야 한다. 그렇지 않으면 우리가 원하는 새로운 삶의 낙원에 결코 당도할 수 없을 것이다.

지금 하는 일은 내가 원해서 선택한 일인가? 지금 하는 일은 내가 좋아서 하는 일인가? 아니면 어쩔 수 없는 상황에 떠밀려 하는 일인가? 지금 나는 어렸을 적부터 소중히 간직해온 꿈을 얼마나 실현하며 살고 있는가?

만약 당신이 직장인이라면 직장에서 얼마나 인정받고 있으며, 성실하게 일하고 헌신한 만큼의 합당한 대가를 회사로부터 받고 있는가? 당신이 원하면 언제든지 지금의 직장을 그만둘 수 있으며, 은퇴 후에는 가족이나 친구들과 함께 삶을 즐기면서 살 수 있는 충분한 돈과 시간을 확보하고 있는가? 만일 없다면 돈과 시간의 자유를 얻기 위해 지금 무엇을 준비하며 무엇을 실천하고 있는가?

혹시 당신은 현실을 바라보며 '이게 아닌데' 하면서도

어쩔 수 없이 과거에 해오던 방식대로 하는 것은 아닌가? 그렇다면 뭔가 잘못된 항로를 향해 나아가고 있다는 생각은 해보지 않았는가? 당신이 타고 가는 배가 원래 가려던 항로를 벗어나고 있다고 해도 계속 그 방향으로 갈 것인가? 지금이라도 진정으로 원하고 바라던 항로를 찾아가기 위해 방향을 바꾸고 싶지는 않은가? 이 간단하지 않은 물음에 대하여 당신은 어떻게 대답할 것인가?

지금 당신이 어떤 선택을 하느냐가 남아 있는 미래 삶의 모습을 결정한다. 당신의 미래를 바꾸고 싶거든 당신의 현재를 바꿔야 한다. 미래는 미래에 가서는 결코 바뀌지 않는다. 미래를 바꿀 수 있는 유일한 시간은 현재이기 때문이다. 독수리의 패러다임을 가지고 당신의 현재를 바꿔라. 그러면 당신이 그토록 원하는 미래의 아름다운 당신이 지금부터 창조되기 시작할 것이다.

인생은 다모작

직장의 안정성이 무너지는 미래 사회에는 '다모작 인생'을 준비할 필요가 있다. 과거에는 안정된 한 직장에 근무하다 정년퇴직하면 퇴직금과 연금으로 생활하며 노후를 보낼 수 있었다. 하지만 한참 일할 나이에 자의든 타의든 직장을 떠나야만 하는 지금의 세태에서 그런 '일모작 인생'에 기대겠다는 것은 지극히 위험한 생각이다.

이를 찰스 핸디는 그의 저서 《패러독스의 시대》(*The Age of Paradox*)에서 그림과 같은 'S커브'를 가지고 설명했다. 그림에서 과거에 많은 사람들의 삶의 패턴은 '일모작 곡선'과 같은 모양을 띠었다. 적어도 일의 세계에서 만은 그랬다. 즉 나이가 듦에 따라 일모작 곡선을 타고 점점 많은 실적을 쌓다가 최고 수준의 정점(*)을 지나면 내리막길로 접어들어 은퇴점인 B점에서 조직을 떠났다. 그러나 지금은 한창 성과를 내기 시작하는 정점(*) 이전의 어느 단계에서 가치가 소멸되기 시작하여 점점 조직에서

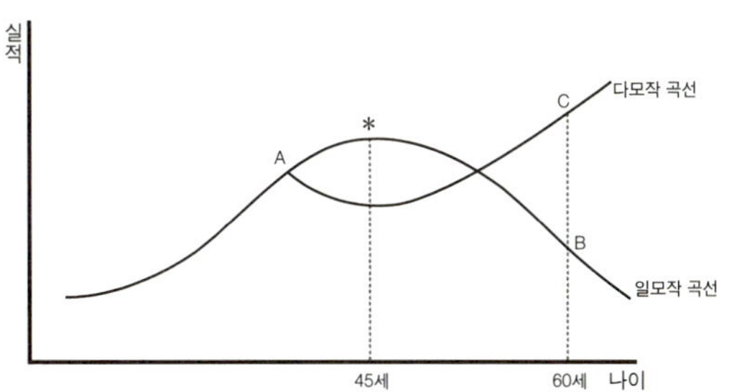

원하지 않는 사람 신세가 되기 때문에, 승진도 하고 수입도 늘어나서 경제적·사회적으로 안정된 지위에 있을 때 새로운 변화를 모색해야 한다.

그 변곡점이 바로 그림의 A점이다. 기존의 조직에서 최선을 다하면서도 동시에 이모작 내지 다모작 인생을 위해 새로운 정보와 기술을 습득하고, 어학을 공부하며, 필요하다면 학위와 자격증을 취득하고, 탄탄한 네트워크를 구축하는 일은 본격적인 고령화 사회에 접어들기 시작한 우리 사회에서 미래를 현명하게 준비하는 사람이 선택하는 인생행로다.

그럼으로써 남들은 일의 세계에서 완전히 은퇴하는 B점에 있을 때 자신은 오히려 '다모작 곡선' 상의 C점에 위치하며 더욱 젊고 역동적으로 자신의 인생을 열어나갈 수 있게 된다. 일모작 곡선만 생각하고 자신의 일터에서 열심히 일하던 사람이 어느 날 갑자기 명예퇴직의 상황에 내몰리게 되어 배신감과 좌절감으로 뒤범벅된 통한의 눈물을 흘리지 않으려면, 인생에서 잘 나간다고 생각하는 어느 시점에서 주도적으로 새로운 변화를 준비하지 않으면 안 된다.

황금 알과 거위

이솝우화에 나오는 〈황금 알과 거위〉 이야기를 기억할 것이다. 황금에 눈이 먼 나머지 마음이 조급해진 농부는 거위의 배를 갈라 황금 알을 모두 꺼내려고 했지만, 뱃속에는 황금 알은커녕 아무것도 없었다는 줄거리의 이야기다.

그런데 우리가 이 우화에서 새겨 담아야 할 교훈이 있다. 황금 알과 거위는 농부나 남의 이야기가 아니라 바로 자기 자신과 관련이 깊은 이야기라는 사실이다. 굳이 경제용어를 빌려 표현하자면 거위는 '생산능력'이고 황금 알은 거기에서 얻을 수 있는 '생산물'이다. 이때 생산능

력은 독립변수이고, 생산물은 종속변수가 된다. 다시 말해서 생산능력이 어떠냐에 따라 생산물의 질과 양이 결정되는 것이다.

일반적으로 생산능력이 뛰어날수록 생산물은 비례해서 증가한다. 건실한 기업이 연구·개발에 투자를 많이 하는 것도 장기적으로 기업의 생산능력을 향상시켜 더 많은 생산물을 얻어내기 위한 노력의 일환이다.

그러므로 여기서 거위를 자기 자신에 비유하고 황금 알을 삶에서 거둬들일 수 있는 다양한 업적에 비유한다면, 자기 자신이라고 하는 거위를 얼마나 튼튼하고 건강하게 키워내느냐가 훌륭한 업적이라고 하는 황금 알을 낳을 수 있는 관건이 된다.

거위는 처음부터 알을 낳을 수 없다. 오랜 시간 정성을 다해 먹이를 주어야 비로소 때가 되면 알을 낳는다. 이는 자신에 대해서도 마찬가지다. 오랜 기간 시간과 노력을 투자해서 지속적으로 자신을 가꾸어나가야 비로소 원하는 만큼의 성과를 내기 시작하는 것이다.

그러나 사람들은 자신에게 제대로 투자하지도 않으면서 황금 알을 기대하거나 황금 알을 낳지 못한다고 속상해 한다. 이는 마치 먹이를 줄 생각은 하지도 않으면서 알을 낳지 못한다고 거위를 구박하는 것과 다를 바 없다. 정녕 자신에게서 황금 알을 기대한다면 먼저 자신에게 충분히 투자해야 한다. 세상에 존재하는 수없이 많은 투자 가운데 손실이 발생하지 않는 유일한 투자가 바로 자기 자신에게 투자하는 것이다.

일단 거위가 황금 알을 낳기 시작했다 하더라도 소홀히 하지 말아야 할 일이 있다. 그것은 거위에게 지속적으로 먹이를 주어야 한다는 사실이다. 황금 알을 낳는다고 해서 거위를 내팽개쳐두면 거위는 점점 마르고 여위어 결국 황금 알을 낳지 못하게 되고 만다.

그런데 사람들은 자신이 황금 알을 낳기 시작하면 자신에게 먹이 주는 일을 그만두어버린다. 그렇게 해서 점점 시간이 흐르다 보면 자신의 생산능력이 점차 약해져서 결국 황금 알을 낳지 못하게 된다. 그러므로 황금 알을 낳기 시작했더라도 끊임없이 자기 자신을 돌보며 먹이를 주어야 한다. 재투자를 하면 할수록 자신의 거위는 주인을 위해 평생 더 크고 값진 황금 알을 펑펑 낳아줄 것이다.

일생을 통해 자기 자신에 대한 투자를 게을리 하지 말아야 할 이유가 여기에 있다. 한때 잘나가던 사람이 나이가 들수록 생산성이 떨어지는 이유는 더는 자신에게 투자하려고 하지 않기 때문이다. 아무리 뛰어난 첨단 기계라고 할지라도 규칙적으로 점검하고 기름을 칠해주지 않으면 녹슬고 고장 나는 것처럼, 지금 아무리 잘나간다 하더라도 자신을 늘 점검하고 새로운 변화에 유연하게 대처할 수 있도록 쇄신하지 않으면 녹슬고 고장난 기계처럼 점점 쓸모없는 사람이 되고 만다.

이제 좋든 싫든, 원하든 원하지 않든, 미래를 행복하게 살아가기 위해서는 평생을 자기 자신에게 끊임없이 투자하지 않으면 안 되는 시대가 오고 있다. 자신에 대한 투자를 소홀히 한다는 것은 거위에게 먹이를 주지 않고 굶기는 것과 같다.

투자는 생명의 에너지를 공급하는 것이다. 기름지고 맛있는 음식물만 섭취하려고 하지 말고, 영양실조에 걸려 있을지도 모를 자기 자신에게도 영양분을 충분히 공급해주어야 한다. 왜냐하면 자신이라는 거위를 잃게 되면 결국 모든 것을 잃게 되기 때문이다.

자신에게 부지런히 먹이를 주라. 그러면 지금까지 황금 알을 낳지 못하던 거위도 때가 되면 빛나는 황금 알을 자신에게 선물할 것이다. 꾸준히 먹이를 주어라. 반드시 값진 황금 알로 보답할 것이다. 가까이 있는 작은 산에 가려

멀리 있는 큰 산을 보지 못하는 사람이 너무 많은 이 시대에, 당장 눈앞의 황금 알에만 눈독을 들이지 말고 좀더 멀리 바라보며 거위에게 관심과 애정을 쏟을 줄 아는 안목과 혜안이 필요한 때다.

 샐러던트의 출현

취직한 사람이 첫 직장에서 근무하고 싶어하는 기간은 얼마나 될까? 놀라지 마시라. 평균 2년 3개월에 지나지 않는다. 물론 이 수치는 어디까지나 설문조사 결과를 토대로 한 것이다. 하지만 이러한 조사 결과는 우리 사회에서 평생직장의 개념이 급격히 퇴조하고 있는 세태를 설명하기에 충분하다.

오륙도, 사오정, 삼팔선을 넘어 입사와 동시에 퇴직을 준비해야 하는 시대, 일생 동안 4~5번의 전직을 각오해야 하는 오늘의 현실은 고단한 샐러리맨의 삶에 그림자를 드리우고 있다. 그럼에도 직장의 현실은 갈수록 냉혹해지고 있다. 근무시간은 말할 것도 없거니와 근무외 시간에도 나사가 풀어진 채 살아가는 직장인이 있다면 그들에게는 점점 설 땅이 없어질 것이다.

공부는 학창 시절에나 하는 것이라며 어디 좋은 술자리 없나 기웃거리는 직장인은 상당히 간이 큰 사람이다. 한때 잘나가던 시절을 들먹이며 신세 한탄이나 늘어놓는 직장인은 직장에서도 사회에서도 천덕꾸러기 신세가 되기 십상이다.

그래서 지금 이 시간에도 수많은 직장인이 낮에는 직장인(salaryman)이지만 밤에는 공부하는 학생(student)의 신분이 되는 소위 '샐러던트(saladent)'로 변신을 시도하고 있다. 샐러던트는 경쟁에서 뒤처지면 살아남기 힘든 요즘 현실에서 도태되지 않기 위해 몸부림치는 직장인의 세태를 잘 엿볼 수 있는 신조어다.

퇴근 후 학원을 다니면서 자격증 하나라도 따놓으려는 샐러던트들의 마음속에는 그렇게 취득한 자격증이 당장 업무에 도움이 되지 않을지는 모르나, 평생직장 개념이 무너진 지금 무엇이 되었든 자격증 하나 정도는 따놓고 보는 것이 나을 것 같다는 정서가 짙게 깔려 있다.

그래서 그런지는 몰라도 샐러던트의 자기계발은 불확실한 미래를 위한 일종의 '보험' 성격이 강하다. 물론 샐러던트 중에는 직무와 밀접하게 연관된 자격증을 비롯하여 전문가 과정을 통해 전문성을 확보하려는 경우도 많지만, 그보다는 당장 뚜렷하게 필요한 것은 아니더라도 언제 어떻게 될지 모르는 미래에 대한 불안감 때문에 떼밀려서 공부를 시작하는 경우가 훨씬 더 많다.

 ## 자기계발의 허와 실

우리는 지금 평균 수명이 80세인 시대를 살아가고 있다. 과학자들은 머지않은 장래에 평균 수명이 90세에 이를 것이라고 장담한다. 그런데 수명이 길어질수록 사람들은 고민에 빠진다. 도대체 무엇을 하면서 노년기를 살아가야 하느냐는 것이다.

불과 10년 전만 해도 그렇지 않았지만 이제 한 직장에서 정년퇴직을 한다는 것은 전설 같은 이야기가 되었다. 2004년 한국노동연구원의 조사결과를 보면 은행원이 느끼는 체감정년은 49세였다. 어느 직장에서 일하든 최고 임직원으로 올라가지 않는 한 50세를 전후해서 직장을 나와야 하는 것이 현실이 된 것이다.

그렇다면 퇴직 후 새로운 직장을 찾지 못하거나 마땅한

일거리가 없다면 무려 30년 이상의 세월을 무엇을 하며 살아가야 한단 말인가? 지금의 직장이 영원하지 않다는 사실은 누구나 잘 알고 있다. 직장은 절대 평생 동안 자신을 책임져주지 않으며, 그래서 믿을 수 있는 것은 오직 자기 자신뿐이라는 것도 잘 안다.

그리하여 오늘날 자신의 미래를 생각하고 미리 준비하려는 직장인은 자기계발의 험준한 여정에 오르는 일을 마다하지 않는다. 현실에 안주하고 있기에는 다가오는 미래가 너무 불안하기 때문이다. 그러나 생존 차원에서 미래를 준비하려는 샐러던트의 자기계발 결행 과정에서 꼭 짚고 넘어가야 할 것이 있다.

자기계발의 메시지를 담고 있는 책의 공통점은 '자신의 강점에 집중하라'는 것이다. 더 늦기 전에 자신이 하고 싶고 잘하는 일을 찾아 거기에 모든 에너지와 역량을 집중 투자하라는 것이다. 게다가 '80 대 20 법칙'에 근거하여 20%의 핵심 역량에 시간과 노력을 집중하면 성과의 80%를 건져 올릴 수 있다고 강조한다.

매우 지당한 말이다. 그러나 정작 더 중요한 문제는 그렇게 하는 것이 이론처럼 그다지 호락호락하지 않다는 사실이다. 특히 지금 하고 있는 일과 앞으로 하고 싶은 일이 달라 이제껏 힘들여 쌓아올린 모든 경력과 업적을 버리고 자신이 하고 싶고 잘하는 일을 찾아 인생의 중차대한 모험 여행을 떠날 때 가장 불안해 하는 것은, 그렇게 해서 도착한 곳이 과연 자신이 처음에 생각한 '꿈의 낙원'이냐는 것이다.

그러므로 자기계발 차원에서 변신을 시도하는 직장인이 꼭 염두에 두어야 할 것은 주관적 관점에서의 자기계발 전략이 객관적 관점에서의 '시장성'과 얼마나 접목될 수 있는지 반드시 점검해야 한다는 점이다. 이 주관적 기대와 객관적 현실이 일치하지 않으면 큰 낭패가 아닐 수 없기 때문이다.

자신의 핵심역량을 찾아내고 그것을 계발하는 과정에서 지향해야 할 목표점은 그것이 '고객 중심의 자기계발'이어야 한다는 것이다. 고객 중심의 자기계발이라 함은 혼신의 힘을 바쳐 핵심 역량을 키워나가되 반드시 고객을 의식해야 성공할 수 있다는 것이다.

자기계발의 성공 여부는 그 성과물이 고객이 사려고 하는 브랜드와 일치할 수 있느냐에 달려 있다. 시장에서 통하고 팔릴 수 있는 브랜드로 개발하지 않으면 자신에 대한 투자는 단지 취미생활이나 여가활동쯤으로 간주하는 것이 차라리 속 편할지도 모른다. 연주솜씨가 아무리 훌륭하다고 해도 객석이 텅 비어 있으면 소용이 없듯이 말이다.

그렇다면 고객에게 팔릴 수 있는 브랜드가 되려면 어떤 조건을 충족해야 하는가? 첫째, '대체재'가 거의 없어야 한다. 경쟁자가 많으면 공급과잉 현상을 초래하여 팔려나가기 어렵다. 시장에 유사한 브랜드가 널려 있으면 고객은 나를 눈여겨보지 않는다. 따라서 대체재가 쉽게 나타나지 않도록 차별화 내지 특화할 수 있는 자기계발 전략이 필요하다.

둘째, 브랜드의 가치는 어디까지나 시장가치로 평가할 수 있는 것이어야 한다. 다시 말해서 돈이 될 만한 가치가 있어야 한다는 것이다. 브랜드가 아무리 좋다고 해도 고객이 돈을 지불하려고 하지 않으면 실질가치가 거의 없다고 보는 것이 냉엄한 시장의 법칙이다.

셋째, 업그레이드와 업데이트가 지속적으로 가능해야 한다. 고객은 한마디로 변덕스럽기 짝이 없다. 뭔가 조금만 새롭고 신선한 것이 나와도 금방 그쪽으로 눈길을 돌린다. 그러므로 고객이 식상하지 않도록 끊임없이 변화를 모색하고 새로운 콘텐츠를 개발하여 고객의 사랑을 잃지 않도록 해야 한다.

결국 직업 차원의 자기계발의 핵심은 자신이 하고 싶고 잘하는 분야를 찾아 집중하되, 그것이 정말 고객이 원하는 것인지 제대로 짚어내야 한다는 것이다. 단순히 취미 차원이 아니라 직업으로써 전문성을 확보하고 경제적으로 돈을 버는 두 가지 목표를 동시에 추구한다면, 시장이라는 '현실'을 무시하고는 결코 원하는 성공을 이룰 수 없기 때문이다. 선택과 집중의 원리도 시장의 원리를 떠나서는 존재할 수 없는 것이 냉정한 직업의 세계다.

 ## 그대 지금 무엇을 준비하고 있나

대량 해고가 유행처럼 번지던 1990년대 초에 미국의 노동자들은 그 이유를 불경기 탓으로 돌렸다. 그러나 1990년대 후반, 미국의 경기가 아주 좋아졌을 때 대량 해고되었던 노동자들은 다시 과거의 일자리로 돌아갔던가?

18세기 말 영국에서 농촌을 떠나 도시의 공장으로 몰려간 농민들은 낯선 공장 노동에 제대로 적응하지 못해 고초를 많이 겪었지만 다시 농촌으로 돌아간 사람은 극소수에 지나지 않았다. 19세기 중반 미국이 농업사회에서 공업사회로 변모하고 있을 때, 들판에서 자유롭게 일하던 농장 노동자가 대거 도시로 이주하면서 톱니바퀴처럼 틀에 박힌 공장 노동자의 생활에 염증을 느꼈지만, 그들이 과거에 일하던 농장으로 다시 돌아갔다는 기록은 어디에도 없다.

역사의 수레바퀴는 결코 거꾸로 돌아가지 않는다. 한번 바뀐 사회는 이미 단단해져버린 콘크리트처럼 변화된 모습 그대로 고착되기 때문에 다시는 과거로 되돌릴 수 없다. 되돌릴 수 없는 것을 애써 되돌리려고 하면 변화에 저항하는 자로 낙인찍히거나 변화의 수레바퀴에 깔려 만신창이가 될 뿐이다.

앞으로 우리 사회에서 모든 조직의 구조조정은 너무나 일상적인 관행이 될 것이다. 거스르기에는 물살의 힘이 너무 거세다. 그러므로 구조조정이 일반화되는 시대에서 살아가려면 과거와는 전혀 다른 개인의 전략을 세워야 한다. 게임의 룰이 바뀌면 그 룰에 맞게 자신을 바꾸어야 한다. 그렇지 않으면 아예 링에 오를 기회가 없거나 오른다 해도 참패를 당하는 처지가 되기 쉽다.

우리는 지금 2005년을 살아가고 있고 이제 2006년이 다가올 것이다. 2007년 역시 가만히 있어도 오게 되어 있다. 2010년도 그렇게 올 것이다. 가는 세월을 붙잡을 수는 없을지라도 오는 세월을 아무 준비도 없이 그냥 맨손으로 맞이할 수는 없지 않은가!

자신을 변화시키며 미래를 준비하지 않으면 미래는 결코 미소 띤 모습으로 다가오지 않을 것이다. 지금 뭔가 준비하고 시작하지 못하는 사람은 2006년이 되고 2010년이 와도 자신의 운명을 주도적으로 이끌어나가지 못하고 여전히 남의 손에 맡긴 채 한숨지으며 살아갈 것이다.

이제 정말 게임의 룰이 변했다. 일자리에 자신을 맞춰가던 시대가 아니라 일자리를 자신이 만들어가는 시대가 우리 앞에 전개되고 있다. 그러나 준비되지 않은 사람은 결코 자신의 일자리를 만들 수 없다. 지금 그대는 무엇을 준비하고 있는가?

2장

평생직업을 찾아서

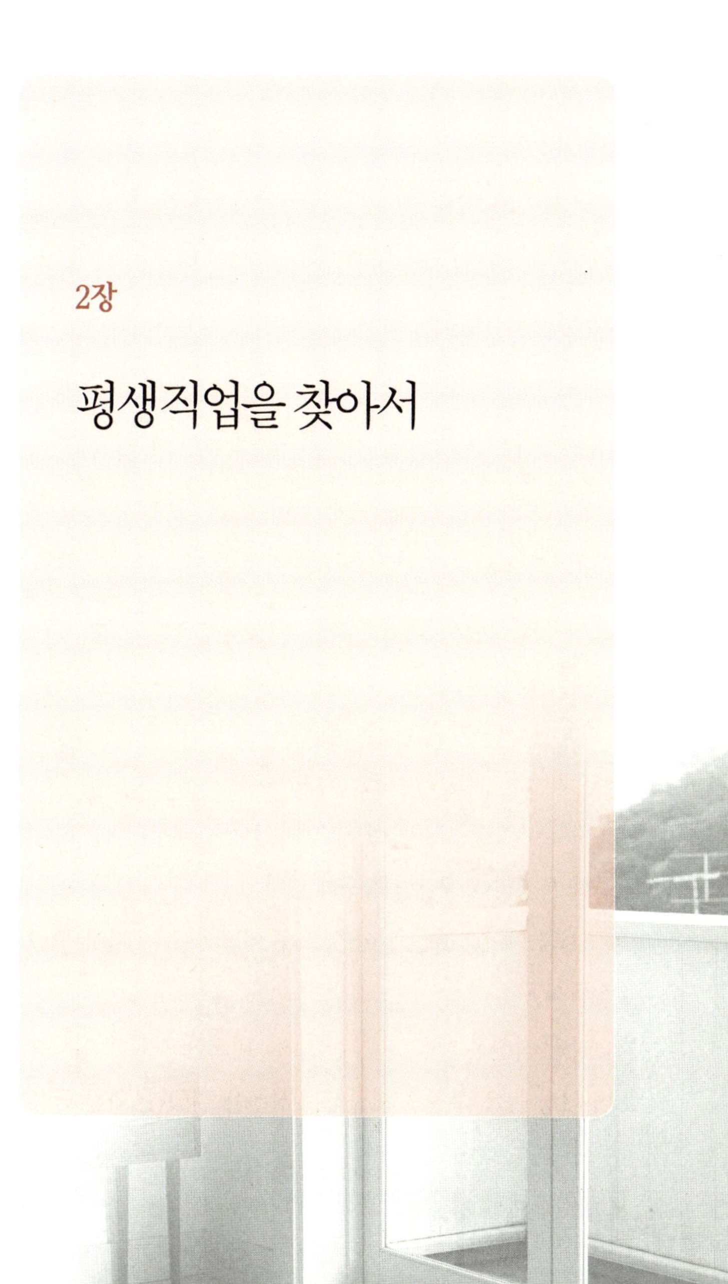

평생직업을 찾아서

지는 은행원, 뜨는 은행원

한 은행의 고객상담 창구에 갔다.

"지금 제게 5천만 원이 있는데 어떻게 하는 것이 좋겠습니까?"

상담 직원은 금융상품 수익률을 비교한 자료를 제시하며 가장 높은 수익을 제공하는 상품을 권했다. 다른 금융

기관에 가도 대답은 판에 박은 듯 비슷했다. 그런데 유독 한 은행의 상담전문 직원은 대답이 달랐다.

"그 5천만 원은 어떤 성격의 자금입니까? 여유 자금은 얼마나 있으십니까? 약간의 리스크가 있긴 하지만 수익률이 높은 몇 가지 상품이 있는데 투자할 의향이 있으신지요?"

이런 식으로 고객의 호기심을 한껏 부풀려놓는다.

"금융자산이 한 2억쯤 되는데요."

"아! 그러세요. 그렇다면 고객님의 자산 가운데 10분의 1만 저희 은행에 맡겨주십시오. 그러시면 1억 원까지 빌려드리겠습니다. 그 돈으로 이런 상품을 구입해보시면 어떻겠습니까? 국제금융시장의 정보를 종합해보건대, 중단기적으로 가장 수익성이 높은 상품입니다."

돈을 어떻게 운용하는 것이 좋은지 상담하러 갔다가 융자 얘기까지 나온 것이다. 이것은 단순한 상담 업무를 넘어서서 금융 컨설팅 업무까지 동시에 수행한 것이다. 기존의 금융상품 수익률 표를 제시하며 상투적으로 투자를 권하는 것은 누구나 할 수 있다. 그러나 수백 가지에 달하는 다양한 금융상품에 대해 해박한 전문지식을 갖추고서 고객의 눈높이에 맞게 최선의 투자를 권하는 것은 누구나 할 수 있는 일은 아니다.

인터넷과 휴먼 네트워크를 통해서 세계 전 지역의 환율 변동과 금융시장의 흐름을 분석하고 고객 만족을 뛰어넘는 고객 감동의 금융 서비스를 제공하는 은행원은 단순한 직장인이 아니다. 그는 퇴출이 일상화된 금융산업에서 은행 측이 결코 놓치고 싶지 않은 금융 전문가로 자리매김할 것이다.

공급자의 눈높이를 수요자의 눈높이로, 기업의 처지에서 고객의 처지로, 사다리식 사고에서 거미줄식 사고로, 미래 사회를 살아가기 위해 자기 두뇌 회로의 칩을 바꾼다면 방출 대상이 아니라 스카우트의 표적이 될 것이다.

자신이 하는 일에서 두뇌 회로의 칩을 바꾸는 작업은 모든 직업에서 예외가 있을 수 없다. 의사는 병을 치료하는 사람인가? 그렇다면 의사는 사람이 병에 걸리기만 기다리는 사람인가? 사람이 원하는 것은 병에 걸리지 않고 건강하게 사는 것이지 병에 걸려 치료를 받는 것이 아니다.

의사라면 사람이 병에 걸리지 않고 건강하게 살아가도록 지속적으로 조언과 건강관리를 해주고, 고객이 병에 걸리면 자신의 모든 역량을 동원하여 치료해주어야 마땅하지 않을까? 그런 의미에서 앞으로 각광받는 의사가 되려면 단순히 병을 치료하기보다는 건강을 책임지는 건강 컨설턴트가 되어야 할 것이다.

학교의 교사 또한 변해야 한다. 주입식 교육은 교육이 아니다. 교육의 본래 뜻은 '잠재되어 있는 것을 끌어내는 것'이다. 피교육자인 학생이 '스스로 성장하도록 도와주는 것'이 교육의 참뜻이다. 그러므로 피교육자인 학생이 자신의 잠재능력을 최대한 끄집어낼 수 있도록 자극하고 도와주는 교사가 진정한 교육자다. 은행원도, 학교 선생도, 병원 의사도, 어떤 직종의 직업인도 시대의 변화에 맞게 자신이 변하지 않으면 존재 가치를 점점 잃게 될 것이다.

직업과 삶의 의미

필자가 잘 아는 의사는 현재 40대 중반이다. 힘든 과정을 거쳐 전문의가 되어 종합병원에 근무하다가 지금은 개인병원을 차려 운영하고 있다. 그는 가끔 자신의 직업에 회의를 느낀다고 말한다. 매일 아픈 사람, 얼굴 찡그린 사람만 대해야 하는 일상이 때로는 지겹기까지 하다고 한다. 하루 종일 환자와 씨름하다 집에 갔을 때 어쩌다 아내나 아이들이 아프다고 하면 짜증이 난다고 한다. 그래서 그는 요즘 부쩍 이런 생각을 한다고 한다.

"의사라는 직업이 내 삶에 어떤 의미를 부여하는 것일까?"

"나는 언제까지 힘든 의사 생활을 해야 한단 말인가?"

"내가 정말 좋아하고 하고 싶은 일은 다른 일이 아닐까?"

그는 직업적으로 안정되고 고수입이 보장된다는 지극히 현실적인 이유로 의대를 선택했다. 그런 결정을 내리기까지는 늘 모범적이고 공부도 잘하는 아들이 의대에 가는 것을 너무나 당연하게 여기고 적극 권장한 부모의 입김이 더 크게 작용했다. 그러나 자식이 장차 의사가 되어 수많은 환자와 어우러져 살아야 하는 일상에서 의사로서 사명감을 가지고 보람되게 살아갈 것인가에 대해서는 한 번도 진지하게 생각하지 않았다.

어디 의사만 그렇겠는가? 저마다 상황은 다르겠지만 비슷한 갈등은 어느 직업에서나 존재한다. 외국 명문대학에서 박사학위를 받고 국내 대학에서 좋은 업적을 쌓아가고 있는 40대 후반의 어떤 교수 역시 비슷한 회의가 들 때가 많다고 한다. 사업을 하여 기업가로서 제법 성공을 거둔 후배도 술자리에서 경제적으로는 안정되었지만 과도

한 경쟁에서 오는 스트레스 때문에 차라리 속 편하게 다른 일을 해버릴까 하고 고민할 때가 많다고 털어놓는다.

사람이 아플 때처럼 고통스러울 때가 없다. 그 환자의 고통을 치료해주는 의사라는 직업은 가치가 대단히 높다. 미래를 짊어질 젊은이를 가르치며 훌륭한 연구 업적을 쌓아가는 교수라는 직업의 명예는 참으로 존귀하다. 좋은 제품으로 사람의 물질적 욕구를 충족시켜주며 사람들에게 일자리를 마련해주는 기업가의 사회적 가치 또한 지대하다.

그런데도 그들이 자주 현재 자신이 하는 일에 대해서 회의를 느끼고 뭔가 새로운 일거리를 찾아 두리번거리는 이유는 무엇일까? 이미 인생의 전반부를 마친 시점에서 그들은 진정으로 자신이 원하는 것이 무엇인지 알고 싶은 것이다. 그래서 지금부터라도 보람과 열정을 느끼며 일에서 즐거움이 솟아나는 삶을 살고 싶은 것이다. 경제적·직업적 안정과는 별도로 정말 좋아서 자신이 빠져들고 몰입할 수 있는 일과 직업을 원하는 것이다.

그런데 그 갈증을 누가 풀어줄 것인가? 누군가 그들이 원하는 삶의 방향을 제시해주고 답답한 고민을 풀어줄 명쾌한 해답을 가르쳐준다면 얼마나 좋을까? 그러나 세상의 어느 누구도 그가 진정으로 원하는 삶의 방향이나 고민에 대해 후련하게 해답을 줄 수 없다. 아니 어쩌면 처음부터 정답이 없기 때문에 그 누구도 가르쳐줄 수 없는 것인지도 모른다. 오히려 삶의 고비마다 늘 정답이 정해져 있다면 그것처럼 사람을 따분하고 재미없게 만드는 일도 없을 것이다. 미래는 항상 불확실성 속에서 다양한 가능성을 잉태하고 있기에, 우리 삶은 더욱 역동적이고 살아볼 만한 가치가 있는 것이 아니겠는가!

결국 자신의 현재와 미래를 포함하는 인생은 어떤 정해진 길을 가기보다는 자신이 길을 만들고 찾아가는 과정이다. 숱하게 많은 책과 이론을 돌고 돌아 마침내 깨닫게 되는 사실은 먼저 자기 자신을 알아야 한다는 것이다. 자신을 제대로 알지 못하고는 아무리 기름져 보이는 삶의 모습도 허상에 지나지 않음을 깨닫게 된다.

당신은 프로인가, 아마추어인가?

프로야구 경기에서 타자들은 스트라이크 존에 들어오는 공이라고 해서 아무 공에나 방망이를 휘두르지 않는다. 상대편 투수 역시 다양한 구질의 공을 던지는 프로선수인 만큼, 무턱대고 방망이를 휘둘렀다가는 삼진당하기 일쑤이기 때문이다. 그래서 타자들은 자기가 잘 치거나 좋아하는 코스로 공이 날아올 때 비로소 힘껏 방망이를 휘둘러 안타나 홈런을 만든다.

프로골퍼들은 모든 홀에서 버디(-1)를 잡겠다고 덤비지 않는다. 18개 홀 가운데 버디를 노릴 만한 홀 몇 개를 골라 공격적인 플레이를 시도한다. 나머지 홀에서는 오히려 보수적인 경기 운영으로 파(0)를 잡는 것을 목표로 한다. 아무 홀에서나 버디를 잡겠다고 덤벼들었다가는 공이 러프에 빠지거나 벙커에 들어가 큰 낭패를 보기 때문이다.

프로선수들은 경기에 삶을 거는 사람들이다. 취미로 하는 아마추어들과는 경기에 임하는 마음자세부터 다르다. 그렇다면 우리가 하는 일은 어떤 성격의 일일까? 프로의 일일까, 아니면 아마추어의 일일까? 우리가 일하는 직장은 모두 프로의 무대다. 그저 취미나 재미로 하는 것이 아니라 성적에 따라 보수의 크기가 달라지는 프로의 세계인 것이다.

프로선수들은 자신의 플레이 결과에 따라 '몸값'이 결정된다. 성적이 좋으면 연봉이 올라가고 다른 구단의 스카우트 대상이 된다. 하지만 성적이 좋지 않으면 연봉이 깎이거나 2군으로 밀려나거나 아니면 아예 '방출' 되는 신세를 면치 못한다. 그래서 그들은 경기 하나하나에 목숨을 건 승부를 한다.

우리는 직장이나 직업의 세계에서 그처럼 목숨을 건 프로의 승부를 하는 것일까? 연봉이 오르고 모두 탐을 낼 만한 플레이를 하고 있을까, 아니면 방출 대상 1순위처럼 하고 있을까? 혹시 그저 아무 일이나 열심히만 하면 된다는 생각으로 이렇다 할 전략도 없이 닥치는 대로 휘두르다가 '헛방망이질' 만 하고 있는 것은 아닐까?

일의 세계에서 진정한 프로가 되기 위해서는 프로다운 마음자세와 전략으로 임해야 한다. 만일 자신이 지금 늘 반복되는 일, 남들도 누구나 할 수 있는 일, 서로 하기 싫어서 밀려난 일 등을 하고 있다면, 당신은 지금 8번 타자이거나 벤치에 앉아 있는 선수라는 사실을 알아야 한다.

누구나 할 수 없는 차별화되고 특화된 일을 찾아 그것을 개발하는 데 시간과 역량을 집중할 수 있는 마음자세와 전략이 필요하다. 일은 아마추어처럼 하면서 보수는 프로 대접을 받으려고 한다면 그것은 양심 불량에 해당한다. 일의 세계에서도 몸값은 자신이 만드는 것이다. 프로

대접을 받으려면 먼저 프로답게 일해야 한다.

그러므로 지금 하는 일에서 프로가 되고 싶다면 목숨을 건 승부를 펼칠 수 있어야 한다. 기왕에 하는 일이라면 프로답게 하고 프로다운 대우를 받아야 하지 않겠는가? 그대는 무엇으로 프로이고 싶은가? 일의 세계에서 '프로'가 되면 날개를 달고 훨훨 날아다닐 수 있지만, 일의 '포로'가 되면 족쇄를 달고 질질 끌려 다니지 않으면 안 된다.

그대는 지금 프로인가, 포로인가? 자신의 현실을 냉철하게 진단하는 일이야말로 건강한 미래를 약속하는 가장 확실한 방법이다. 지금 하는 '일의 건강지수'는 어떤가? 아무리 생각해도 양호하지 않다고 판단된다면 어떻게 해야 할 것인가?

그대로 내버려둔 채 계속 갈 것인가, 아니면 치료를 해야 할 것인가? 몸이 아프면 의사를 찾아가야 하지만, 삶에 탈이 나면 자신이 치료해야 한다. 자신의 몸을 치료해주는 사람은 의사지만, 자신의 삶을 치료해주는 사람은 자기 자신이기 때문이다.

그러나 자신의 삶에 탈이 나면 남을 찾으려고 하는 사람이 의외로 많다. 자신의 삶에 난 병을 치료할 수 있는 유일한 사람은 자신인데도 말이다. 각자의 처지에서, 각자의 자리에서, 지금 우리는 모두 자기의 직업과 삶을 차분히 진단해보고 고칠 부분이 있으면 고쳐나가면서 다가오는 미래의 변화에 현명하게 대처해야 할 것이다.

스톡데일 패러독스

짐 스톡데일은 월남전 때 월맹군의 포로가 되어 1965년부터 1973년까지 무려 8년 동안 하노이의 한 전쟁포로수용소에 감금되어 있던 미국의 해군 제독이다. 그는 최소한의 전쟁포로 대접도 받지 못한 채 수십 차례의 고문과

독방 신세를 감수하지 않으면 안 되었다. 그러나 스톡데일은 최악의 환경에서도 좌절하지 않고 자신뿐만 아니라 다른 미군 포로들이 삶을 포기하지 않고 살아남도록 정신적 리더 역할을 한 인물로 유명하다.

그 처참하고도 암담한 상황에서 갖은 고초를 다 겪으면서도 그는 반드시 풀려날 수 있다는 희망을 추호도 버린 적이 없었다고 한다. 오히려 그는 한 걸음 더 나아가 먼 훗날 지금의 힘든 시간을 회상할 때도 후회하지 않을, 자기 생애의 큰 전환점으로 삼겠다는 다짐을 확고히 했다.

또한 그는 결국 성공할 것이라는 강한 믿음과 눈앞에 닥친 냉혹한 현실을 직시하는 것, 이 두 가지를 결코 혼동해서는 안 된다고 강조했다. 즉 패러독스적인 마인드를 동시에 가지고 있어야 한다는 것이다. 사람은 그렇게 할 때만 더 강해질 수 있다는 것이다.

세계적인 경영학자 짐 콜린스가 자신의 저서 《좋은 기업을 넘어 위대한 기업으로》(*Good to Great*)에서 '스톡데일 패러독스(Stockdale paradox)'라고 명명한 이 현상은 '곧 집에 돌아갈 수 있을 것'이라고 생각하는 '막연한 낙관주의자'보다 '어렵지만 언젠가는 수용소에서 나갈 수 있을 것'이라는 희망을 품는 '낙관적인 현실주의자'가 가장 끈질기게 살아남는다는 것을 경험으로 보여준 것이다.

당시 수용소 생활을 가장 고통스럽게 한 사람들은 단순한 낙관주의자였다. 크리스마스 때까지는 석방될 것이라고 기대했다가, 크리스마스가 지나면 다시 부활절에는 나갈 수 있을 것이라고 믿었던 막연한 낙관주의자는 극심한 정신적 고통에 시달리거나 심지어 절망감과 상실감으로 죽어나갔다. 그러나 낙관적 현실주의자는 잘될 것이라는 믿음은 잃지 않되 냉혹한 현실을 직시하고 마음을 단단히 먹었던 사람으로서 결국 이들이 어려움을 극복하고 살아남을 수 있었다.

단순한 낙관주의자와 낙관적 현실주의자의 차이는 오십 보 백 보인 것처럼 보인다. 그러나 이들의 패러다임의 차이는 엄청나다. 짐 콜린스는 자신의 책에서 좋은 기업에서 위대한 기업으로 도약한 회사는 다른 회사와 똑같은 역경에 처했지만 현실에 냉정히 대처하면서 반드시 해낼 수 있다는 강한 믿음을 품고 있었다고 진단한다. 반면에 머지않아 일이 잘 풀릴 것이라고 막연한 낙관론에 사로잡혀 있던 기업은 결국 문을 닫았다고 주장한다.

스톡데일 패러독스는 우리에게 두 가지 교훈을 준다. 첫째는 할 수 있다고 믿으라는 것이다. 그 믿음이야말로 어떤 역경이 닥치더라도 능히 극복할 수 있게 해주는 희망의 빛이다. 둘째는 현실을 냉정하게 직시하라는 것이다. 지금의 현실이 얼마나 어렵고 냉혹한지 제대로 파악해야만 무엇을 어떻게 준비해야 할지 냉정하게 판단할 수 있기 때문이다.

스톡데일 패러독스가 비단 기업에만 해당하겠는가? 세상이 변하고 살기가 어려워지는 요즘에는 개인도 꼭 한번 음미해봐야 할 소중한 교훈이다. 아무리 어려워도 이겨내고 결국은 성공할 것이라는 강한 믿음을 갖되, 냉혹한 현실을 직시하는 방식으로 자신을 독려하며 나아갈 때 자기 직업과 삶에서 원하는 것을 이룰 수 있을 것이다.

제너럴리스트가 돼라

미래 사회에 잘나가는 사람이 되기 위해 갖춰야 할 자질에 대해 어떤 사람은 '스페셜리스트(specialist)'가 되어야 한다고 주장하고, 어떤 사람은 '제너럴리스트(generalist)'가 되어야 한다고 주장한다. 그런데 이것은 두 가지 용어의 해석을 둘러싼 오해가 빚은 혼란이 아닌가 생각한다.

여기서 말하는 제너럴리스트란 흔히 생각하기 쉬운 제너럴리스트의 개념과는 의미가 다르다. 일반적으로 '스페셜리스트' 하면 '좁고 깊게' 활동하는 사람이고, '제너럴리스트' 하면 '넓고 얕게' 활동하는 사람이라는 이미지로 해석되나, 사실은 그렇지 않다.

제너럴리스트가 되기 위해서는 먼저 '똑 소리 나게 잘하는 한 가지'가 있어야 한다. 즉 적어도 어떤 한 분야에서만큼은 경쟁력이 충분한 스페셜리스트가 되고, 거기서 얻은 방법론을 다른 분야에 활용하여 또 다른 스페셜리스트가 되는 것이다. 그런 의미에서 진정한 제너럴리스트는 '넓고 깊게' 활동하는 사람이어야 한다.

'한 가지'에 능통하다는 것은 수학이나 과학은 '0점'이더라도 영어만은 '100점'을 받을 수 있다는 것이다. 전 과목 평균이 낮아도 한 과목에서만큼은 '100점'을 받을 수 있는 학생이라면, 그는 노력해서 국어 과목에서도 충분히 '100점'을 맞을 수 있는 가능성이 있는 학생이다. 그가 바로 제너럴리스트가 될 수 있는 것이다.

그런가 하면 전 과목 모두 '60점'이나 '70점'은 받지만, '100점'인 과목이 하나도 없다면, 즉 '한 가지'에도 능통하지 않으면 유감스럽지만 제너럴리스트도, 스페셜

리스트도 되기 어렵다고 봐야 한다. 평균적으로 잘한다는 것은 어디에서도 두각을 나타내지 못한다는 의미가 된다. 어느 분야에서도 스페셜리스트가 되지 못하면 어떤 분야에서도 제너럴리스트가 되기는 매우 힘들다.

일도 마찬가지다. '넓고 얕게' 해나갈 것이 아니라 먼저 '한 가지'에 전력투구해야 한다. 이 일 저 일 도맡아 처리해나가다 보면 '평균점'에 머물러 전문성을 획득하지 못할 가능성이 많다. 물론 여기서 말하는 전문성은 전혀 다른 영역을 넘나드는 전문성과는 의미가 다르다.

예를 들어 가수로 탁월한 기량을 발휘하던 사람이 연기자로 데뷔해서 인기를 모으고, 그 분야에서 전문성을 더욱 확보하여 대학에서 강의를 하고 관련 분야를 연구해 남다른 족적을 남길 수는 있지만, 어느 날 갑자기 전혀 다른 영역인 과학 분야에서 탁월한 성과를 거두기는 대단히 어려운 일이다.

따라서 제너럴리스트가 지녀야 할 '넓이와 깊이'가 전지전능한 영역을 포괄하는 것으로 오해하면 안 된다. 서로 연관성이 밀접한 어떤 영역에서 특정한 전문성을 확보하고, 그것을 바탕으로 인접 영역에서 또 다른 전문성을 확보하는 방식으로 넓이와 깊이를 더욱 확실하게 다져나가는 사람이 진정한 제너럴리스트인 것이다.

만일 당신이 지금 기업의 회계업무를 담당하고 있다고 하자. 이때 당신의 가장 강력한 라이벌은 회계 관련 소프트웨어다. 그러므로 우선 회계 프로그램을 능수능란하게 다룰 수 있도록 회계 소프트웨어에 관한 전문지식을 배우고 익혀야 한다. 그러나 그 정도 수준에서 만족하면 안 된다.

세법에 관한 새로운 정보와 견문을 넓히고, 현행 각종 세제운영 전반에 관해 폭넓게 공부하며, 절세의 노하우와 관련한 광범위한 정보와 자료를 수집하고 정리해두어야 한다. 그런 다음 한 걸음 더 나아가 기업의 자금운용기법이나 개인 자산의 포트폴리오 구성의 노하우에 대해 지속적으로 관심을 두고 공부한다.

그러는 사이 당신은 단순히 회계업무를 처리하던 평범한 직원의 신분에서 벗어나 어느새 세무 및 재무 전문가로 통하는 화려한 변신을 꾀하게 된다. 상당히 많은 분야에서 전문가는 이런 과정을 거쳐 탄생한다. 성격이 전혀 다른 분야를 마구잡이식으로 넘나드는 것이 아니라 자신의 직무와 연관이 있는 유사 업무들에 대한 식견을 넓힘으로써 단순직에서 전문직으로, 하나의 전문직에서 연관된 다른 전문직으로, 카멜레온 같은 변신을 이루어내는 것이다.

제너럴리스트가 되기 위해서는 몇 가지 사전 검색기준을 통과해야 한다. 먼저 자신을 믿고 사랑할 줄 알아야 한다. 자신의 능력이 무한하다는 사실을 인식하고 그것을 그대로 방치해두지 않고 평생 동안 기어이 찾아내어 빛을 보게 하고야 말겠다는 강한 신념과 의지를 행동에 옮겨야 한다. 이는 자신이 자신을 믿고 사랑하지 않으면 절대 불가능한 일이다.

둘째, 다양한 독서와 체험을 통해 직·간접적으로 관심 영역을 넓히고 그중에서 텔레파시가 잘 통하는 분야를 찾아 자신의 시간과 에너지를 집중 투자하는 것이다. 풍부한 독서와 관심 분야에서의 체험이야말로 시대 흐름을 파악하고 시야를 넓혀 삶의 균형 감각과 유연성을 기르는 최고의 방법론이다.

셋째, 주변 사람과 효과적인 인적 네트워크를 구성하여 남의 말을 귀담아들을 줄 알고 남에게 끊임없이 배우고 교류하려는 마음자세를 잃지 말아야 한다. '휴머니스트(humanist)'로서 따뜻한 감성으로 다양한 사람과 교류해 각 방면의 지식과 지혜를 두루 섭렵하는 것은 지식사회가 요구하는 리더의 기본 덕목이기도 하다.

더 나아가 자기 홈페이지를 개설하여 온라인에서 자신의 직업과 관련된 주요한 정보와 지식을 제공하고 업무와 직·간접적으로 관련이 있는 사람과 커뮤니티를 형성하여 지속적인 유대관계를 맺음으로써 시장과 고객의 영역을 확대하고, 인터넷을 통하여 자신의 브랜드 가치를 세상에 널리 알리는 네트워크 효과를 실현하는 것도 프로 직업인으로서 빼놓을 수 없는 필수 자격요건이다.

결국 미래 사회에서 가장 바람직한 리더의 모델은 '1인 3색'의 리더십을 발휘하는 것이다. 스페셜리스트로서 어떤 한 분야에서 차별화된 전문성을 확보하고, 관심 영역의 범위를 조금씩 넓혀나가 또 다른 스페셜리스트로서 제너

럴리스트가 되며, 그 과정에서 언제나 휴머니스트의 마인
드를 확고하게 갖춘 사람이 진정한 리더가 되는 것이다.

일로 먼저 세상에 공헌하라

일이나 직업을 대하는 당신의 생각은 어떠한가? 어떤
사람은 그 일이 돈이 되는지 여부를 먼저 따지고 일에 접
근하려고 한다. 그러나 그런 마인드로 일에 접근할 때 원
하는 만큼의 돈이 들어올 확률은 매우 낮다. 돈이 되는 일
은 돈이 되기 이전의 과정을 반드시 거쳐야 한다.

따라서 직업을 선택할 때는 당장의 보수만 따지려고 하
지 말고 그 일을 하면서 시간이 흐르고 경륜이 쌓일수록
성과가 높고 몸값이 점점 올라가는 일을 택해야 한다. 그
런 일이란 바로 자신이 하고 싶고 좋아서 하는 일을 말한
다. 말이야 그럴 듯하지만 누구는 그렇게 하고 싶지 않아
서 그러느냐고 볼멘소리를 할 수도 있다. 심지어 어떤 사
람은 이렇게 말할지도 모른다.

"하고 싶은 일만 하다가는 굶어죽기 딱 좋다. 세상이 어
디 당신이 하고 싶은 일만 하도록 가만히 놔두더냐!"

과연 그럴까? 그렇게 말하는 사람은 살면서 한 번이라도 그렇게 하고 싶은 일을 찾아 제대로 해본 경험이 있는 것일까?

그러므로 직업을 선택할 때는 먼저 그 일을 통해 세상에 어떤 공헌을 할 수 있는가 생각해야 한다. 고객이 원하는 상품을 개발하여 기쁨을 주고 싶거나, 몸이 아파 힘들어하는 사람을 치료하는 데서 보람을 느끼거나, 다른 가게보다 물건을 저렴하게 팔고 친절한 서비스를 베풂으로써 고객을 기쁘게 하거나, 고객에게 좀더 잘 어울리는 헤어스타일을 연출하여 더욱 자신 있게 활동할 수 있도록 도와주는 것과 같이 크든 작든 세상에 기여하고 공헌할 수 있는 일이 무엇인지 찾아 헌신하라. 그리고 시간이 지난 후 당신이 그 일로 세상에 공헌한 만큼의 대가가 경제적 보상으로 되돌아옴을 잊지 마라.

일을 선택할 때는 돈을 얼마나 벌 수 있느냐가 아니라 당신이 그 일을 해서 진정으로 세상에 공헌할 수 있는 가치가 있으며 충분히 해낼 역량이 있는가를 따져야 한다.

말이 좋지, 아무리 세상에 공헌을 해도 그 일이 돈이 되지 않으면 무슨 소용이 있느냐고 반문하는 사람이 있다. 충분히 그렇게 생각할 수 있다. 하지만 일의 가치를 돈으로만 따지려고 드는 사람은 돈이 되는 일을 찾아다닌다며 이 일거리 저 일거리 전전하지만 여전히 경제적으로 궁핍한 상황을 벗어나지 못하는 경우가 허다하다. 그럴 바에야 차라리 자신이 좋아하고 하고 싶은 일을 하는 가운데 보람과 만족을 느끼고, 시간이 지나면서 그 기여의 정도에 따라 경제적 보상이 뒤따르는 패턴을 따르는 것이 훨씬 효과적인 방법이 아닐까?

자기가 하고 싶고 좋아서 하는 일을 만나면 우선 즐겁고 신바람이 나서 얼굴 표정부터 밝아진다. 좋아서 하기 때문에 그와 관련된 일거리를 자신이 찾아서 하게 되고 그럴수록 활력과 에너지가 샘솟는다. 또한 그 기운은 자연스럽게 주변의 다른 사람에게도 전파되어 점점 그에게 호감을 느끼고 그와 함께 일하고 싶어한다. 그래서 그가 일하는 곳의 분위기는 항상 밝다.

그는 언제부턴가 조직에서 없어서는 안 되는 사람으로 인정받게 되고, 조직은 당연히 그에게 높은 보상과 좋은 자리를 제공한다. 그는 단지 먹고살기 위해 썩 내키지 않는 일을 그럭저럭 해가며 월급받고 사는 사람과는 차원이 다르다. 그래서 시간이 가면 갈수록 자기가 좋아서 일을 하는 사람과 그저 먹고살려고 일하는 사람의 격차는 점점 벌어진다.

여기서 우리가 잊지 말아야 할 사실은 조직에서 구조조정 1순위는 유감스럽게도 생계 때문에 어쩔 수 없이 그 일에 매달리는 사람이라는 점이다. 하고 싶은 일만 하다가는 굶어죽기 십상이라는 말을 하는 바로 그 사람이 굶어죽기 딱 좋은 사람이 되는 것이 오늘의 현실이다.

봉급은 당신이 결정하라

봉급이 인상되기를 기대하지 마라. 당신 자신이 높은 봉급을 받아내도록 만들어라. 다른 사람이 당신의 수입을 결정하고 있다면 그것은 그 사람이 당신 삶에 대해 권한을 갖고 있다는 뜻이다. 당신의 수입을 다른 사람의 손에 맡기지 마라. 당신의 수입을 당신이 결정하라. 당신의 밥그릇이 다른 사람의 손에 쥐어져 있는 한, 당신은 항상 '경제적 노예 상태'를 벗어나지 못한다.

당신의 수입을 당신이 결정하려면 필요한 조건을 충족해야 한다. 그것은 당신이 하는 일의 가치가 다른 사람과 차별화될 만한 매력을 갖추고 있어야 한다는 것이다. 모든 사람이 다 하는 일을 하는 것은 백사장의 모래만큼의 값어치밖에 없다. 모든 사람이 하는 것을 하면 당신은 모든 사람이 소유하는 정도만 소유할 수밖에 없다. 다른 사람이 하는 것만큼만 일할 생각이면 당신은 직접 고객을 찾아나서지 않으면 안 된다. 하지만 고객이 봤을 때 그런 사람은 지천에 널려 있다. 따라서 당신의 일은 고객에게 감동을 줄 수 없다.

당신이 고객을 찾아가지 말고 고객이 당신을 찾아오도록 만들어야 한다. 그러기 위해서 당신은 해당 분야에서 적어도 경쟁력 있는 전문성을 갖춘 전문가가 되어야 한다. 고객은 당신의 전문성을 사고 싶어하기 때문이다.

전문가로서 인정받기 위해 당신에게 필요한 것은 무엇이라고 생각하며 그것을 갖추고 있다고 생각하는가? 만일 '그렇다' 고 대답하기가 아직 망설여진다면 3년 내지 5년 후 전문가로서 당신의 자화상을 그려보라. 그리고 그 미래의 자화상을 만나기 위해 당신이 지니고 있는 열정과 재능을 찾아 끊임없이 정진하라.

시간이 없다는 말은 변명과 핑계일 뿐이다. 누구에게나 시간은 충분하다. 오늘 이 세상을 떠나야 할 사람이 아니라면 누구에게나 현재를 바꿀 수 있는 시간은 똑같이 주어

진다. 그러므로 변하고 싶다면 시계추처럼 왔다갔다하는
당신의 일상에서 시간을 약간 떼어낼 각오를 하라. 그리고
그 시간을 전문가가 되기 위해 준비하는 시간으로 써라.
좀더 많은 지식과 교양을 쌓아가면서 미리 준비하라.

지금 하는 일부터 잘하라

어떤 일을 하다가 기대하던 성과가 잘 나오지 않으면
때려치우고 다른 일거리를 찾아나서는 사람이 있다. 단지
지금 하는 일이 싫어져서 그 일을 그만둔다면, 그렇게 해
서 다른 일을 찾아나설 때 거기에는 어려움이 없을까? 그
런 연유로 새로이 시작한 일은 언젠가 다시 싫증이 날 것
이고 그때는 또 다른 일을 찾아나서야 할 것이다.

그러다 보면 시작하고 포기하고, 또 시작하고 그만두는
악순환이 끝없이 이어질 수밖에 없다. 그 과정에서 자존
심은 극도로 상처를 입고 급기야는 자신감마저 잃어버린
다. 결국 아까운 시간만 다 축내고 나중에 남은 것은 점점
희끗해지는 머리카락과 주름살뿐인 자기 모습이다.

그 일이 재미있든 재미없든, 보수가 많든 적든, 모든 일

에는 반드시 나름의 난관이 있고 시련이 있고 넘어야 할 벽이 있게 마련이다. 그 장애물을 극복하지 않으면 무슨 일을 하든 올라가지 못하고 미끄러져 내려온다. 직장과 직업을 전전하는 사람의 한결같은 핑계는 적성에 맞지 않는다거나 비전이 없다는 것이다.

좋다. 그럼 적성에 맞지 않으니 어떻게 해야 한단 말인가? 자신의 적성에 맞는 일을 찾을 때까지 이일 저일 전전하며 계속 시행착오를 겪어야 할까? 그래도 될 만큼 삶에서 시간은 충분히 주어지는 것일까? 적성을 탓하면서 단 한 번이라도 과연 자신의 적성에 맞는 일이 무엇인지 진지하게 그리고 구체적으로 생각해본 적이 있었던가?

자신의 적성이 무엇인지 알려고 마음만 먹으면 주변에 도움을 받을 수 있는 좋은 도구가 얼마든지 있다. 진짜 문제는 적성에 맞는 일을 찾으려고 하지 않거나, 찾았다 해도 그 일에서 만족할 만한 성과를 얻기 위해서는 제법 많은 시간과 노력을 투자해야 하는데, 그렇게 하려고 하지 않는다는 사실이다.

그렇게 되는 가장 큰 이유는 게으름과 나태함 때문이다. 적성에 맞고 하고 싶은 일을 하기 위해서 몇 년의 시간과 노력을 투자할 생각을 하니 엄두가 나지 않고 현실의 불안하지만 달콤한 쾌락을 놓아버리기가 싫은 것이다. 그렇게 뭉그적거리며 집과 직장을 왔다갔다하는 사이 세월은 흘러가고 자신은 여전히 '후지게' 살아가는 것이다.

비전이 없다는 핑계 역시 마찬가지다. 지금 직장에서 비전이 없다는 것은 회사의 비전이 없다는 것인가, 아니면 자신의 비전이 없다는 것인가? 혹시 자신의 비전이 없으면서 그 이유를 회사로 떠넘기고 있는 것은 아닌가? 많은 사람들이 실제로는 꿈이 없어서 무엇 하나에도 집중하지 못하면서 그렇게 사는 원인을 주변의 환경 탓으로 돌리거나 자신이 소속된 회사나 조직, 출신학교, 집안 배경 탓으로 떠넘긴다.

그러나 아무리 변명과 핑계를 늘어놓아도 마음속에 도사리고 있는 불안감은 떨쳐버릴 수 없는 법이다. 자기가 자기를 기만하고 있다는 양심의 가책에 몸을 떨지 않을 수 없다. 그러면서도 안일한 일상을 떨쳐버리지 못하고 늘 과거처럼 나른한 삶을 선택한다면 도대체 무슨 맛으로 미래의 창창한 시간을 살아갈 것인가.

직업적으로 성공하고 싶거든 먼저 지금 하는 일에서 작은 성취감을 맛보아야 한다. 직장을 옮기기 위해서든, 직장 내에서 더 높은 몸값을 받기 위해서든, 자신의 몸값을 높인다는 이유로 현재 직장에 소홀히 하면 자칫 밥값도 제대로 못하는 사람이 되기 쉽다. 충분히 준비되지 않은 상태에서 성급하게 이직하는 것은 바람직하지 않다. 현재 직장에서 능력 있는 사람이라는 평판을 받아야 연봉이 오르든, 조건이 더 좋은 직장으로 자리를 옮기든, 뭐든 원하는 것을 할 수 있다.

당신의 고용주가 내보내기에는 너무 아까운 사람이라고 옷소매 붙잡고 늘어질 만큼 다부지게 일을 하라. 지금 하는 일이 적성에 맞든 안 맞든, 비전이 있든 없든, 먼저 그 일에서 인정을 받아라. 그런 다음 그 일이 시시해질 만큼 당신의 눈높이가 높아지거든 그때 다른 도전을 시도하라. 그래야 다른 일에서도 성공할 수 있다.

세상에 필요한 사람이 되라. 회사가 필요로 하는 사람이 되라. 먼저 세상과 조직에 기여하라. 그러면 세상과 조직이 그대에게 보상을 해준다. 세상에 필요한 사람도 되지 못하고 회사에 별로 기여하는 것도 없으면서 과분한 보수만을 바라고 있으니 일이 잘 풀릴 리가 없는 것이다. 늘 최선을 다하며 현재를 가치 있게 살아야 한다. 왜냐하면 눈부신 내일은 이미 오늘 잉태되어 자라고 있기 때문이다.

우리는 대부분 미처 준비되지 않은 상태에서 직업 선택과 관련한 가장 중요한 결정을 내리게 된다. 그리고 비교적 젊은 나이에 내렸던 그 결정은 이후의 삶 전체에 지대한 영향을 미치는 중요한 선택이 된다. 하지만 정작 본인은 그 결정에 주도적으로 참여하지 못한다. 오히려 큰 영향을 미치는 사람은 부모님이나 선생님 또는 친구나 선배들이다.

그렇게 해서 택한 직업이 다행히 경험이 쌓여갈수록 보람과 만족을 주는 직업이라면 더 바랄 일이 없을 것이다. 하지만 당신이 알고 있는 열 사람에게 진정으로 원하는 직업이 무엇이냐고 물어보라. 사람들은 대부분 지금과는 다른 일을 하고 싶다고 대답할 것이다. 도대체 왜 이런 일이 예나 지금이나 반복해서 일어나는 것일까?

그 이유는 직업을 통해 만족스러운 삶을 살아가지 못하기 때문이다. 물론 만족이란 대단히 주관적이고 상대적인 것이어서 한마디로 정의할 수 없다. 그러나 적어도 직업과 관련하여 개인적으로 얻을 수 있는 만족의 기준은 몇 가지 있다. 현재 직업에서 얼마나 만족하고 있는지 진단할 수 있는 다음 몇 가지 항목을 체크해보자.

- 당신은 지금의 일을 계속하고 싶은가?
- 당신은 지금의 일에서 활력을 얻고 있는가?
- 당신은 지금의 일을 다른 사람에게 말할 때 자부심이 생기는가?
- 당신은 지금의 일에 대해 주변에서 인정을 받는가?
- 당신은 지금 하는 일의 미래를 낙관적으로 보는가?

각 문항별로 해당하는 점수를 매우 그렇다(5점), 그렇다(4점), 보통이다(3점), 그렇지 않다(2점), 전혀 그렇지 않다(1점)로 부과하여 합계 점수가 몇 점이냐에 따라 직업에 대한 만족도를 측정할 수 있다. 총점이 23점 이상이면 현재의 직업에 매우 만족하고 있다는 것이고, 18점 이상이면 대체로 만족하는 수준이다. 그러나 17점 이하로 나왔으면 그다지 만족하지 못하고 있다는 하나의 근거로 삼으면 된다.

당신에게 맞는 직업을 찾기 위해서는 먼저 당신이 좋아하고, 하고 싶고, 잘할 수 있는 것들이 무엇인지 알아야 하고, 그 장점을 최대한 살릴 수 있는 직업을 찾아야 한다. 어떤 사람은 업무가 안정적인 직업을 원하는 반면, 어떤 사람은 모험심과 도전정신을 발휘할 수 있는 직업을 선호하기도 한다. 어떤 사람은 돈을 많이 벌 수 있는 직업을 원하지만, 어떤 사람은 어려운 사람을 돕고 사회에 기여할 수 있는 직업을 선호하기도 한다. 어떤 사람에게는 아주 잘 어울리는 직업이 다른 사람에게는 얘기만 들어도 머리가 지끈거리는 직업이 될 수도 있다.

그렇다면 해결책은 무엇일까? 그 해답은 직업 선택과 관련한 결정을 내리기 전에 먼저 자신에 대해서 최대한 알아야 한다는 것이다. 당신에게 어떤 직업이 가장 잘 어울릴지는 당신의 라이프스타일이 어떤지에 따라 달라진다. 당신의 재능과 흥미, 강점이 무엇인지 알아야 가장 잘할 수 있는 직업을 찾을 수 있는 것이다.

천직을 찾아서

많은 사람이 세상의 흐름을 좇아 무난하고 안정된 삶에 만족하겠다는 생각을 하며 살아간다. 그러나 그들이 맞이하는 현실은 편안하고 안정된 삶이 아니라 불안하고 초조한 삶이다. 심지어 어떤 사람은 자신이 응원하는 프로야구 팀이 한국 시리즈에서 우승하는 것이 삶의 희망이라고 말하기도 한다. 이러한 생각이야말로 비극이 아닐 수 없다. 삶의 희망을 자신에게서 찾으려 하지 않고 타인이나 밖에서 찾으려 하는 것처럼 허망하고 부질없는 일도 없을 것이다.

"내 나이에 새삼스럽게 무슨 일을 새로 시작하겠어? 그저 하루하루 건강하게 무사히 지낼 수만 있다면 그것으로도 행복한 줄 알아야지. 요즘 세상에 회사에서 안 쫓겨나고 가족이 사고 없이 사는 것만 해도 어딘데. 지금 이 순간이 중요한 것 아니겠어? 현재가 즐거우면 그것으로 족하니까……."

물론 그렇게 살아가는 것도 삶의 한 방식이다. 그것을 비난하거나 탓할 생각은 추호도 없다. 다만 문제는 삶이란 항상 오늘과 같은 모습으로만 다가오는 것이 아니라는 점이다. 이때 현실에만 안주하며 끊임없이 일어나는 변화의 바람을 외면하거나 애써 피하려고만 해서는 언젠가 닥칠지 모르는 큰 시련을 견뎌낼 저항력을 상실하고 만다는 사실을 잊지 말아야 한다. 우주의 법칙은 무위도식하려는 사람에게는 주기적으로 큰 시련을 안겨줌으로써 그것을 잘 이겨내는지 시험하려고 한다. 그리고 그 시험에서 떨어지면 무위도식은 더는 허락되지 않는다. 역설적이게도 푹신한 의자가 오히려 허리를 병들게 하는 것이다.

이것이 인간사에 존재하는 냉엄한 법칙임을 이해한다면 깨어 있으면서 부단히 변화를 통해 미래의 안정을 추구해나가려고 하는 사람이 참으로 행복한 인생을 살아갈 수 있다. 그러므로 지금의 삶이 만족스럽고 평안하다면 무언가 진심으로 할 만한 가치가 있는 일이나 활동을 찾아 그것에 몰두해보는 것이 좋다. 그것이 바로 항상 삶의 보람을 느끼게 만들면서 좀더 높은 차원의 만족을 선사하기 때문이다.

만일 아무리 생각해봐도 지금 하는 일이 한숨만 나오게 하고 마음을 무겁게 짓누르고 있다면 더 늦기 전에 어떤 결단을 내려야 한다. 그렇다고 해서 지금 당장 직장에 사표를 던지거나 생업을 내팽개치라는 말로 오해하지는 말기 바란다. 현재 하는 일을 계속하되, 당신이 진정 하고 싶은 일을 찾아 꾸준히 준비하고 실행에 옮겨야 한다는 뜻이다.

인간은 누구나 이 세상에 올 때 사명을 가지고 태어난다. 그렇게 부여받은 각자의 사명을 어떤 사람은 제대로 인식하고 가장 자기답게 살아가는가 하면, 어떤 사람은 자기 사명이 무엇인지도 모르고 살아간다. 그러므로 우리가 살면서 가장 먼저 해야 할 일은 자기 사명을 발견하여 최대한 가치 있게 발현하는 것이다. 우리는 그것을 완수하기 위해서 이 세상에 태어났기 때문이다.

자신의 고유한 사명을 일로 승화시키면 곧 '천직'이 된다. 천직이란 따로 정해져 있지 않으며 차별이 있지도 않다. 세상이 알아주고 세상이 부러워하는 일만이 천직인 것은 결코 아니다. 천직은 말 그대로 하늘이 내려준 일이다. 자신이 정말로 좋아서 하고, 하고 싶어서 하며, 보람을 느낄 수 있는 일이라면, 그 일이 무엇이 되었든 천직이라고 할 수 있다.

건축가로서 아름다운 건축물을 짓는 일, 사회복지사가 되어 복지시설에서 살아가는 불우한 이웃을 정성껏 돌보아주는 일, 자동차 영업사원으로서 자동차를 타고 싶어 하는 고객에게 최선의 서비스를 제공하여 만족을 얻어내는 일, 메이크업 아티스트로 활동하면서 사람에게 예쁜 얼굴을 연출해주는 일, 영양사로서 사람들에게 먹는 행복과 즐거움을 안겨주는 일, 환경미화원으로 근무하면서 거리를 깨끗하고 쾌적하게 유지하는 일, 전업주부로서 남편을 돌보고 자녀의 재능을 마음껏 키워주는 일, 꽃 장식가가 되어 꽃을 이용하여 사람들에게 미적 아름다움을 선사하는 일, 에어로빅 강사가 되어 아름다운 몸매와 건강을 유지하게 해주는 일, 간호사로서 아픈 환자들에게 위안을 주는 일, 미술치료사가 되어 그림을 통해 사람의 정신적인 고통을 치유해주는 일, 유치원 교사가 되어 자라나는 새싹들이 꿈을 마음껏 펼칠 수 있도록 도와주는 일이 모두 천직이라고 할 수 있다.

세상의 수많은 일 중에서 당신은 무엇으로 보람과 감동을 얻으며 세상에 기여하고 싶은가? 당신은 이제까지 살면서 그런 일을 만났고 지금 그렇게 살아가고 있는가? 만일 그렇지 못하다면 이제라도 늦지 않았다. 오늘이라고 하는 시간이 주어지는 한 우리가 못할 것은 하나도 없다.

'Nowhere' 라는 알파벳의 조합을 보며, 'No Where' 의 패러다임이 아니라 'Now Here' 의 패러다임으로, 'Impossible' 의 불가능을 'I'm possible' 의 가능성으로 바꿔 생각하면, 오늘 바라보는 세상은 어제까지 바라보던 세상과는 전혀 다른 모습으로 와 닿을 것이다. 성공과 실패는 동전의 양면과 같다. 그것은 모두 우리 마음에 함께 살면서 우리가 하기에 따라 그 모습을 달리할 뿐이다.

대학에 들어가 알게 되어 친구가 된 두 사람이 있었다. 그들은 가정환경이나 관심거리가 거의 비슷해 금방 친해지게 되었다. 그런데 한 친구는 매일 다섯 가지씩 긍정적인 생각과 행동을 하며 대학생활을 했고, 다른 친구는 매일 다섯 가지씩 부정적인 생각과 행동을 하며 대학을 다녔다. 5년이 지났을 때 한 친구는 9천 가지의 긍정적인 생각과 행동을 하며 살았고, 다른 친구는 9천 가지의 부정적인 생각과 행동을 하며 살았다. 그러는 사이 그 둘 사이에는 무려 1만 8천 가지에 달하는 생각과 행동의 차이가 발생했다. 물론 그들이 살아가는 모습도 5년 전과는 판이하게 달라져 있었다.

평생직업을 찾아가는 방법

지금 하는 일이 평생직업으로 삼기에 충분한 조건을 갖추고 있는가 알아보기 위해 다음과 같은 몇 가지 항목을 체크해보면 도움이 될 것이다.

첫째, 지금 하는 일을 명확히 규정하라. 그 일은 어떤 일이며, 언제부터 하기 시작했고, 지금의 일에 대한 숙련

정도는 처음에 비해 얼마나 나아졌는지 냉정하게 진단하고 평가하라. 시간이 지날수록 일에 대한 자부심과 함께 숙련도가 높아지는 일인지 자문해보라.

둘째, 누구를 위한 일인지 분명히 파악하라. 그 일은 자신이 좋아서 하는 일이며, 자신을 위해서 하는 일인가? 더 나아가 가족이나 조직 또는 사회를 위해 도움이 되고 기여하는 일인가? 자신이 그 일을 함으로써 혜택을 받는 사람이나 집단이 있으면 있는 대로 열거해보라.

셋째, 일을 통해 얻는 것이 무엇인지 구체적으로 언급하라. 우선 당장 먹고사는 문제를 해결할 수 있는 것이 가장 큰 장점인가? 기본적인 경제문제를 해결해주는 것 외에 자신이 평소 그 일을 하는 과정에서 만족과 보람을 얼마만큼 느끼며 업무를 수행하는가?

넷째, 지금의 일을 하면서 늘 아쉽거나 불만스럽게 생각한 것은 없었는지 검토하라. 만일 자신의 역량이나 관심에 비해 지금 하는 일이 기대에 미치지 못한다면 실망감과 함께 그 일을 계속 수행할 때 예상되는 한계점이 있다고 생각할 것이다. 그것이 무엇인지 찾아보라.

다섯째, 지금의 일을 언제까지 계속하고 싶으며, 그때 미래의 삶의 모습은 어떨지 그려보라. 만일 상당히 장기적으로 지속할 수 있으며, 미래의 삶이 밝고 희망이 넘치는 모습으로 그려진다면, 지금의 일은 당신의 평생직업으로 삼아도 충분한 가치가 있다. 이 일에 더욱 많은 시간과 에너지를 투자하여 전문성을 확보하라. 그러나 만일 그렇지 못하다고 생각하면 이하의 항목으로 내려가면서 새로운 길을 탐색하는 것이 도움이 될 것이다.

여섯째, 만일 지금부터라도 꼭 해보고 싶은 일이 있다면 그것이 무엇인지 마음속에서 꺼내라. 그 일은 어쩌면 오래전부터 가슴속에 간직하고 있던 소중한 꿈이었을지도 모른다. 아니면 이런저런 현실적인 이유 때문에 뒷전에 밀려 시들해져버린 꿈이었을지도 모른다. 무엇이든 좋다. 당신의 깊은 곳에 있는 꿈을 꺼내 먼지를 털어내고 빛을 보게 하라.

일곱째, 그 일을 통하여 어떤 것을 이룰 수 있는지 구체적으로 기술하라. 이것이 곧 새로운 일에 대한 비전이다. 비전은 이루어졌으면 좋겠다는 소망이나 바람이 아니다. 마음속으로 이미 이루어놓은 일이며, 다만 실천을 통해 미래에 가서 확인할 뿐이라고 확신하는 것이 비전이다. 일에 관한 비전을 분명히 그릴 수 있어야 한다.

여덟째, 그 일을 어떻게 하여 이룰 것인지 목표를 시각화하라. 시각화하지 않은 목표는 불분명하기 때문에 그만큼 성취하기가 어려워진다. 사냥을 할 때 멧돼지를 직접 눈으로 본 사냥개는 끝까지 추적하지만, 직접 눈으로 확인하지 않은 사냥개는 쫓아가다가 그만 돌아서고 만다. 구체적이고 가시적인 목표를 설정해야 그 일을 해낼 수 있는 확률이 그만큼 높아진다.

아홉째, 언제까지 할 것이며, 어떤 수단과 도구가 필요한지 열거하라. 마감시한을 정하는 것은 그만큼 시간과 에너지를 집중할 수 있어서 좋다. 더욱이 학위나 자격증 또는 그 일에 필요한 유용한 도구를 확보하는 것은 마치 전쟁에 나가는 병사가 완전 무장을 하는 것만큼이나 필수 요건이다.

열째, 단단히 준비하고 죽을 각오로 실천에 옮겨라. 결국은 마음먹기에 달렸고, 실천하기에 달렸다. 아무리 좋은 구상도 실행에 옮기지 않으면 아무 소용이 없다. 노력과 인내 없이 이룰 수 있는 것은 세상 어디에도 없다. 인내란 하기 싫거나 못마땅한 것을 억지로 참아내는 것을 의미하지 않는다. 인내란 꼭 이루고 싶은 것을 찾아가는 과정에서 생겨나는 강한 의지의 표현이다. 어떠한 일이 있어도 꼭 이루어야 할 목표가 있다면 인내는 고통 속에

감추어져 있는 달콤한 열매와도 같다.

평생직업의 조건

평생직업이 되려면 적어도 다음 몇 가지 조건을 충족해야 한다. 첫째, 좋아하는 일이어야 한다. 좋아하지 않고서는 흥미를 느낄 수 없고 그 일에 빠져들 수 없다. 모든 일의 괄목할 만한 성과는 항상 그 일에 심취하고 몰입할 수 있을 정도로 깊은 흥미와 관심 속에서 얻을 수 있다.

둘째, 하고 싶은 일이어야 한다. 하고 싶은 의욕이 없을 때 일은 지루하고 열정이 생기지 않는다. 그리고 열정이 식으면 당연히 성공 가능성도 그만큼 줄어든다. 그러나 하고 싶어서 몰입하는 사람에게는 일하는 시간이 따로 정해져 있지 않다. 그는 누가 깨우지 않아도 새벽같이 일어나고, 남들이 모두 잠든 시간에도 홀로 깨어 있다. 그렇게 하여 시간이 갈수록 그 분야에서 새로운 눈으로 세상을 바라보게 된다.

셋째, 잘하는 일이어야 한다. 그 일에서 남보다 역량을 발휘하지 못하면 원하는 성과를 거둘 수 없다. 영국의 경영 컨설턴트인 찰스 핸디는 《코끼리와 벼룩》에서 역량이란 '남보다 잘하기보다는 남과 다르게 하는 것'이라는 독특한 정의를 내렸다. 여기서 남다름이란 가장 '자기다움'을 의미한다. 자기다운 일을 한다는 것은 경제적인 보상을 떠나서 '하기 싫어서 괴로운 일'이 아니라 '하고 싶어서 즐거운 일'을 한다는 뜻이다.

자기답게 산다는 것은 남과 비슷하게 되려고 저 산 너머에 있는 무지개를 찾아 삶을 낭비하는 것이 아니라, 남과 다를 수밖에 없는 내면의 자신을 만나 세상에 필요한 빛이 되도록 산다는 뜻이다. 그 외롭고, 힘들고, 고단한 과정을 거쳐 자신의 참된 모습을 발견하지 못하면, 삶은 다시 남과 비슷해지려는 타성의 바다에 빠져 헤어나오지 못하게 된다.

가장 나답게 하는 것이야말로 가장 남과 다르게 한다는 것이고, 그때 비로소 성공 확률도 그만큼 높아진다. 우리는 가장 자기다울 때 독특하고 특별할 수 있다. 가장 자기답다는 것은 자신의 강점을 잘 알고 있다는 것이다. 이때 강점이 뛰어난 것이라면 그보다 더 좋을 수는 없다. 그러나 그보다 더 중요한 일은 자신의 강점이 무엇인지 발견하고 꾸준히 계발하는 것이다. 전문성을 갖춘다는 것은 비록 작은 재능일지라도 자기다운 것을 끊임없이 갈고 닦아 빛나게 하는 것이다.

넷째, 시장성이 있는 일이어야 한다. 시장성이란 장기적으로 고객에게 통할 수 있어야 한다는 것이다. 시장에서 통할 수 있을 만큼의 경쟁력을 갖추고 있다면 평생직업으로서 확고한 브랜드를 구축한 셈이 되기 때문이다. 경쟁력을 갖춘다는 것은 곧 돈이 된다는 뜻이다. 그러나 거기에 이르기까지는 결코 순탄하지만은 않은 고통과 시련의 과정을 견뎌낼 수 있는 인내와 끈기가 필요하다.

세상의 많은 일은 대부분 하고 싶고 잘한다고 해서 단기간에 그에 합당한 경제적 보상을 해주는 것이 절대 아니다. 자신이 하고 싶고 잘하는 일을 하면서 돈도 많이 버는 사람이 드문 이유는, 어쩌면 하고 싶은 일이 돈으로 연결되지 않기 때문이 아니라, 하고 싶은 일을 너무 일찍 포기해버리기 때문인지도 모른다.

평생직업을 찾아 떠나는 퍼즐여행

유감스럽게도 이상의 네 가지 조건을 충족하는 평생직

업을 찾기란 대단히 어려운 것이 현실이다. 또한 평생직업에 도달하는 과정에는 매우 험난한 여정이 필요하다는 것도 사실이다. 그럼에도 자신의 평생직업을 발견하기 위해서는 다음 작업을 해보는 것이 도움이 많이 될 것이다.

먼저 어렸을 적부터 지금까지 자신이 좋아했거나 즐거웠던 일이 무엇이었는지 생각의 실타래가 풀어지는 대로 그대로 적어나가 보라. 어떠한 마음의 제약이나 부담감도 훌훌 털어버리고 아주 편안하게 과거의 시절을 회상하라. 이때 서랍 속 깊이 들어 있던 학창시절의 앨범이나 일기장 또는 어떤 형태의 추억거리라도 꺼내어 과거로 시간여행을 떠나보는 것도 좋다.

친구들과 어울려 메뚜기를 잡던 일, 해가 떨어져 짙은 어둠이 깔릴 때까지 학교 운동장에서 친구들과 공을 차며 놀던 일, 고등학교 시절 기타를 치며 손수 작곡을 했던 일, 가정시간에 요리 실습을 하면 무척 재미있고 신이 났던 일, 텔레비전에서 역사 탐험이나 다큐멘터리 제작물을 방송하면 거의 빼놓지 않고 시청했던 일, 강아지를 돌보는 것이 몹시 신기하고 재미있었던 일 등 무엇이든 가리지 말고 생각이 흐르는 대로 메모를 해나가라.

① 내가 좋아했거나 즐거웠던 일

....

....

....

....

두 번째로 어렸을 적부터 지금까지 누군가에게 칭찬을 받았던 일들을 떠올려보라. 숙제를 비롯하여 주어진 일은 반드시 기일 내에 잘 해낸다고 칭찬받은 일, 남과 약속을 잘 지킨다고 칭찬받은 일, 손재주가 뛰어나 뭐든 만지기만 하면 맵시 있게 해낸다고 칭찬받은 일, 공손하고 예의 바르다고 어른들에게 칭찬받은 일, 한번 시작한 일은 반드시 끝까지 해내는 인내와 끈기가 강하다고 칭찬받은 일, 친구 사이에 일어난 문제를 잘 해결해준다고 칭찬받은 일, 남에게 먼저 양보할 줄 알고 항상 남을 배려한다고 칭찬받은 일 등 아주 사소한 일이더라도 주변에서 칭찬을 받았던 일이 떠오르면 무엇이든 생각나는 대로 적어보라.

② 내가 칭찬받았던 일

....

세 번째로 어떤 대상이나 활동에 열중한 나머지 자기도 모르게 빠져들거나 심취했던 일이 있었는지 생각해보라. 낙서나 만화 그리기가 재미있어 한번 시작하면 시간 가는 줄 모르고 그 일에만 열중하다가 꾸중을 들었던 일, 꽃집 앞을 지나가다 예쁜 꽃에 매료되어 한참 동안 물끄러미 바라보았던 일, 집 안에 있는 가전제품이나 기계를 분해하고 조립하느라고 아무 생각도 나지 않았던 일, 즐거운 상상을 하다 보면 시간 가는 줄 모르고 빠져들었던 일 등 무엇인가 유난히 쉽게 집중하고 몰입했던 일이 있으면 역시 떠오르는 대로 메모해보라.

③ 내가 집중했거나 심취했던 일

네 번째로 학교에 다니면서 좋아한 과목이 무엇이었는지 회상해보라. 그것은 이론 과목이었나, 실기 과목이었나? 사고력이 필요한 과목이었나, 창의력이 필요한 과목이었나? 실험하고 검증하는 공부가 재미있었는가, 상상하고 유추하는 공부가 재미있었는가? 국어, 영어, 수학, 물리, 화학, 정치, 경제, 사회, 국사, 세계사, 지리, 문화, 음악, 미술, 체육, 가정, 기술, 윤리, 도덕, 컴퓨터, 그밖에 학교 성적과는 관계없이 자신이 좋아한 과목이 무엇이었는지 학창시절로 되돌아가서 기억을 더듬어보라.

④ 내가 재미있어 했거나 좋아한 과목

다섯 번째로 역시 학창시절에 잘했거나 성적이 좋았던 과목이 무엇인지 기억이 나는가? 그것을 떠올려 메모해보라. 국어, 수학, 영어, 물리, 화학, 미술, 음악, 체육, 사회, 역사, 가정, 기술 같은 과목 중에서 상대적으로 좋은 점수를 받았거나 유난히 성적이 잘나왔던 과목이 분명히 있을 것이다.

혹시 아직도 간직하고 있다면 초등학교부터 고등학교까지 성적표를 꺼내어 교과목별로 점수를 확인해보는 것도 기억을 되살리는 데 도움이 될 것이다. 점수가 꼭 90점 이상이 아니라도 좋으니 다른 과목에 비해서 성적이 잘나왔던 과목이 무엇인지 찾아내어 적어보라.

⑤ 내가 좋은 성적을 받았던 과목

평생직업 찾아내기

이제 자신이 평생직업으로 삼을 만한 일이 어떤 것인지 좀더 구체적으로 접근해보자. 먼저 좋아하는 일의 목록을 작성해보자. 뭐든지 좋다. 생각나는 대로 어린 시절에서 시작하여 이제까지 살아오면서 자신의 흥미와 재미를 이끌어냈던 일이 무엇이었는지 기억이 떠오르는 대로 적어보는 것이다. 강의, 상담, 컨설팅, 글쓰기, 오락, 컴퓨터 게임, 노래 부르기, 고민 들어주기, 음식 만들기, 기록하기, 운전하기, 수집하기…….

좋아하는 일이란 주로 열정과 관련이 있다. 내가 아는 어떤 여성은 대화할 때 수줍음을 많이 타서 거의 말이 없는 편이었다. 그런데 아주 오래전부터 꽃을 감상하고 꽃과 대화하는 것이 좋아서 플라워 분야에 남다른 관심과 흥미를 두며 살아왔다.

어느 해에 수년간 꽃과 함께 살아온 그녀를 한 전시회에서 만났는데, 자신의 작품을 설명하면서 그렇게 당당한 표정으로 말을 잘할 수 없었다. 그녀에게 꽃은 단순히 아름다움을 감상하는 화초가 아니라 내면의 무한한 열정이 뿜어 나오게 만드는 생동감 넘치는 삶의 화신이 되어 있었던 것이다. 그녀는 지금 플로리스트 겸 화훼장식가가 되기 위해 이론과 실습에 시간 가는 줄 모르고 열중하고 있다. 그녀는 지금 매력적인 삶을 살아가는 중이다.

다음에 당신이 좋아하는 일을 채워 넣어라.

① 내가 좋아하는 일

....
....
....
....
....

　두 번째로 아직 시도해보지는 않았지만 간혹 호기심을 자극하는 일이 있는가? 별로 글을 써본 적은 없지만 남의 글을 읽을 때면 나도 언젠가 한번 글을 써보고 싶다는 충동을 강하게 느꼈던 경험, 전시회에 들를 때마다 기회가 된다면 나도 꼭 한번 이런 전시회에 출품을 해보고 싶다는 강한 열망이 있었던 경험, 분재를 감상하면서 나중에 시간이 나면 꼭 한번 직접 해봐야겠다고 마음속으로 다짐했던 경험, 노년을 외롭고 쓸쓸하게 보내는 독거노인을 대할 때마다 그들을 위해 봉사하고 싶은 마음이 강렬하게 솟구쳤던 경험 등 그 활동이 경제적으로 도움이 되든 되지 않든 죽기 전에 꼭 한번 할 수 있다면 매우 가치가 있겠다고 생각하는 일을 차분히 메모해보라.

② 내가 죽기 전에 꼭 해보고 싶은 일

세 번째로 잘하는 일의 목록을 만들어보자. 누군가에게 칭찬을 받았거나 스스로 자신 있다고 생각하는 일을 모두 찾아보라. 기획, 조사, 분석, 발명, 상담, 디자인, 그림 그리기, 음악 감상, 뜨개질, 동물 돌보기, 홍보, 흥정, 판매, 가르치기, 수리하기……

잘하는 일이란 주로 역량과 관련이 있다. 사람마다 똑같은 시간과 노력을 투자해도 남보다 훨씬 빠르고 쉽게 배우고 익히고 응용할 수 있는 일이 있다. 그 일을 대하면 자신감이 생기고 신이 나서 저절로 빠져들고 몰입하게 된다. 설사 그 단계까지는 아직 이르지 못했다 하더라도 수월하게 해내는 일이 있다면 그 일에 대해 당신은 역량이 있는 것이다. 그것을 주의 깊게 관찰하고 탐색할 필요가 있다.

언제 해도 힘이 들지 않고 수월하게 해내는 일이 무엇인가? 하루 종일 집안을 정리하고 서류를 분류해도 지루하지 않다거나, 아이들과 놀아주거나 아이들을 돌보아주는 일이라면 힘이 들기는커녕 오히려 생기가 돈다거나, 모임이나 회식 자리에서 사회를 보는 것이 전혀 힘들지 않고 신이 난다거나, 운전하는 것이 좋아서 아무리 장시간 운전을 해도 피로를 느끼지 않는 것 등 아무리 해도 별로 스트레스를 받지 않는 일을 떠올려보고 역시 적어보라.

③ 내가 잘할 수 있는 일

....

....

....

....

....

여기까지 마무리가 됐으면 마지막으로 해야 할 작업은 좋아하거나, 하고 싶거나, 잘할 수 있는 일을 열정과 역량의 조합으로 묶어 공통점을 찾아내는 것이다. 이상에서 기술한 세 가지 항목 가운데 서로 중복되거나 공통점이 있는 것을 찾아내 다음 빈 칸에 기재해보라. 만일 이 작업을 하는 데 어려움을 겪었다면 다음에 제시하는 좋아하고, 하고 싶고, 잘할 수 있는 일 158가지 리스트를 보면서 체크해나가도 무방하다.

④ 내가 좋아하고, 하고 싶고, 잘할 수 있는 일

㉠ ....
....
㉡ 、..
....
㉢ ....
....
㉣ ....
....
㉤ ....
....

그러나 여기까지의 과정에서 아직 이렇다 할 만한 만족스런 성과를 얻지 못했을 수 있다. 자신에게는 채워 넣을 일이 별로 없다고 실망할 수도 있다. 하지만 포기하기엔 아직 이르다. 이 책이 안내하는 길을 함께 걸어가면서 자신의 평생직업을 찾는 여행을 계속하기로 하자.

☐ 가공하기	☐ 돌보기	☐ 수선하기	☐ 조직하기
☐ 가꾸기	☐ 동기부여하기	☐ 수작업하기	☐ 종합하기
☐ 가르치기	☐ 동물돌보기	☐ 수집하기	☐ 준비하기
☐ 가사돌보기	☐ 디자인하기	☐ 시중들기	☐ 중재하기
☐ 감독하기	☐ 리드하기	☐ 식물가꾸기	☐ 지도하기
☐ 강연하기	☐ 리스트작성하기	☐ 식물돌보기	☐ 지시하기
☐ 강의하기	☐ 말로 표현하기	☐ 실험하기	☐ 지휘하기
☐ 개선하기	☐ 모니터하기	☐ 아이돌보기	☐ 집안정리하기
☐ 건설하기	☐ 모델화하기	☐ 안내하기	☐ 집행하기
☐ 경리보기	☐ 모방하기	☐ 알려주기	☐ 창작하기
☐ 경영하기	☐ 모집하기	☐ 앞장서기	☐ 촉진하기
☐ 계산하기	☐ 모험하기	☐ 여행하기	☐ 춤추기
☐ 계획하기	☐ 문제해결하기	☐ 연구하기	☐ 치장하기
☐ 고안하기	☐ 미용하기	☐ 연극하기	☐ 코치하기
☐ 고치기	☐ 반복하기	☐ 연설하기	☐ 통제하기
☐ 공감하기	☐ 발견하기	☐ 연주하기	☐ 통합하기
☐ 공부하기	☐ 발굴하기	☐ 영감주기	☐ 판결하기
☐ 공연하기	☐ 발명하기	☐ 영화보기	☐ 판단하기
☐ 관리하기	☐ 발표하기	☐ 예쁘게 꾸미기	☐ 판매하기
☐ 관찰하기	☐ 번역하기	☐ 예산짜기	☐ 판정하기
☐ 관측하기	☐ 베풀기	☐ 예측하기	☐ 편집하기
☐ 교섭하기	☐ 보고하기	☐ 요리하기	☐ 평가하기
☐ 교육하기	☐ 보관하기	☐ 요약하기	☐ 포장하기
☐ 교정하기	☐ 보호하기	☐ 운동하기	☐ 표현하기

☐ 구매하기 ☐ 봉사하기 ☐ 운전하기 ☐ 프로그램하기
☐ 그리기 ☐ 분류하기 ☐ 웃기기 ☐ 해부하기
☐ 그림 감상하기 ☐ 분석하기 ☐ 의사소통하기 ☐ 혁신하기
☐ 글쓰기 ☐ 분위기 띄우기 ☐ 이야기하기 ☐ 협상하기
☐ 기계다루기 ☐ 분해하기 ☐ 인쇄하기 ☐ 형상화하기
☐ 기록하기 ☐ 사색하기 ☐ 입안하기 ☐ 홍보하기
☐ 기억하기 ☐ 상담하기 ☐ 작곡하기 ☐ 화장하기
☐ 기획하기 ☐ 상상하기 ☐ 장식하기 ☐ 화해시키기
☐ 꾸미기 ☐ 상징화하기 ☐ 재고정리하기 ☐ 회계처리하기
☐ 남 웃기기 ☐ 색칠하기 ☐ 점검하기 ☐ 훈련시키기
☐ 노래 감상하기 ☐ 생산하기 ☐ 접대하기 ☐ 흉내내기
☐ 노래하기 ☐ 설교하기 ☐ 정리하기
☐ 논평하기 ☐ 설득하기 ☐ 정보수집하기
☐ 대접하기 ☐ 설명하기 ☐ 조립하기
☐ 대처하기 ☐ 설치하기 ☐ 조사하기
☐ 대화하기 ☐ 섭외하기 ☐ 조언하기
☐ 도와주기 ☐ 수리하기 ☐ 조정하기

삶을 구조조정하라

삶을 구조조정하라

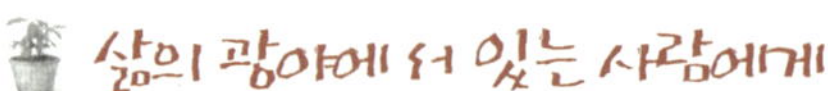

구약성서의 〈출애굽기〉 이야기는 자신이 꿈꾸는 삶의
세계로 가려는 사람이라면 누구나 꼭 새겨두어야 할 중요
한 교훈을 담고 있다. 야곱의 후손들은 430년간 이집트에
서 노예생활을 하다 모세의 인도로 자유를 찾아 이집트를
탈출하게 된다. '출애굽'은 그리스어로 '엑소더스

(Exodus)'로서 '이집트에서의 탈출'을 줄인 말이다.

그런데 엑소더스의 의미는 단지 공간적인 탈출만을 의미하는 것이 아니다. 익숙해진 과거의 삶의 방식을 버리고 새로운 삶의 양식과 가치관을 향해 나아간다는 의미도 함축하고 있는 것이다. 말이 그렇지 과거의 모든 것을 버린다는 것은 그렇게 쉬운 일이 아니다. 그것은 지난날의 관습을 부숴버리고 더 나아가 자신의 과거를 죽여야 하는 일이기 때문이다.

노예의 삶에서 벗어나 자유인의 삶을 찾아 떠났지만, 이스라엘 백성이 곧바로 자유의 땅에 도착한 것은 아니다. 그들은 자유의 땅 가나안을 향해 가는 도중 지름길인 해안 길이 아닌 시나이 산으로 가는 광야를 거치게 된다. 어쩌면 그것은 젖과 꿀이 흐르는 약속의 땅으로 가기 위해서 반드시 거쳐야 하는 관문이었는지도 모른다.

여기서 우리는 '광야'가 무엇을 의미하는지 음미해볼 필요가 있다. 광야는 고난과 시련의 상징이다. 광야는 우리가 살아가면서 아무도 피해갈 수 없는 역경과 시련의 장소다. 일단 광야의 길에 들어서면 앞으로 나아가는 수밖에 다른 선택의 여지가 없다. 내 앞에 다가온 광야를 피하려고 돌아서는 순간 또 다른 광야가 기다리고 있을 뿐이다. 왜냐하면 이 세상이 바로 광야이기 때문이다.

삶에서 만나는 광야의 모습은 사람마다 제각기 다르다. 사람에게는 자기만의 광야가 있는 것이다. 어떤 사람은 돈 때문에 삶이 광야가 되어서 힘들 것이요, 어떤 사람은 열등감 때문에 삶이 광야가 되어 초라한 모습으로 살아갈 것이요, 어떤 사람은 끊임없는 미움 때문에 삶이 광야가 되어서 메말라 있을 것이요, 어떤 사람은 자식 때문에 삶이 광야가 되어 고통스러워할 것이다.

광야에 서 있는 시간, 그 텅 빈 들에 서 있는 시간은 삶에서 무척 힘들고 괴로운 시간이기도 하지만, 자기반성의 시간이자 자기성찰의 시간이기도 하다. 철저히 외롭고, 목마르고, 지치고, 부족하고, 초라하고, 황폐하고, 고통스러운 시간이면서 동시에 더는 물러설 곳이 없기 때문에 오히려 새롭게 태어날 수도 있는 절호의 기회이기도 하다.

그러므로 광야는 얼굴이 두 개인 땅이다. 힘들고 두려워서 왔던 길로 되돌아가면 다시 과거의 삶으로 돌아가는 것이요, 받아들이고 이겨내면 새로운 희망의 삶으로 변하는 것이다. 그런데 사람들은 대부분 변화를 두려워한다. 이미 일상에 길들여져 삶이 아무리 자신을 구속하고 비참하게 만든다 해도 그냥 그 자리에 머물러 있으려고 한다. 광야를 지나는 동안 겪게 되는 고통이 싫다며 다시 노예생활이 기다리는 이집트로 돌아가겠다고 발버둥치는 이스라엘 사람들의 모습이 곧 우리의 모습이기도 한 것이다.

삶의 포트폴리오를 다시 짜라

광야는 바라보는 사람이 생각하기에 따라 깊은 절망의 땅이 될 수도 있고 밝은 희망의 땅이 될 수도 있다. "새벽이 오기 직전이 가장 어둡다"는 우리 속담처럼 광야는 깊은 절망 속에서 여명의 빛이 태동하는 곳이기도 한 것이다. 광야는 우리를 깨달음의 자리로 초대한다. 먹고살기 바빠서 인생의 참된 의미나 가치를 추구할 엄두조차 내지 못하고 삶의 노예가 되어 살아왔던 과거를 되돌아보며 앞으로의 삶에서는 다시는 그렇게 살지 않겠다고 사무치게 다짐하며 주먹을 불끈 쥐게 하는 장소가 광야인 것이다.

따라서 자신이 지금 어떤 형태로든 삶의 광야에 서 있다는 생각이 들면 바로 지금 중요한 선택의 갈림길에 서 있다는 것을 깨달아야 한다. 왜냐하면 두 얼굴을 보여주는 광야에서 어떤 얼굴을 쳐다보느냐에 우리 삶의 존망이 달려 있기 때문이다. 희망의 얼굴을 보느냐, 절망의 얼굴을 보느냐에 따라 살 수도 있고 죽을 수도 있기 때문이다.

위기는 언제나 위험과 기회 두 얼굴을 하고 있으며, 위기가 도래했다는 것은 전환의 시점에 와 있음을 의미한다는 사실을 잊지 말아야 한다. 모든 위기는 파국으로 끝나지 않고 그 안에 반드시 기회의 씨앗을 품고 있다. 이 진리를 믿는다면 우리는 어떤 절망에서도 일어날 수 있으며, 아무리 힘겨운 삶의 광야를 만나더라도 그때를 전환의 기회로 만들 수 있다.

삶의 광야에서 어둠의 자식으로 전락하지 않고 빛의 이름으로 거듭나기 위해서는 꼭 해야 할 일이 있다.

첫째, 다시는 과거의 삶으로 돌아가지 않겠다는 약속이다. 그동안 자신을 묶어왔던 삶의 족쇄들, 인이 박힌 삶의 마약을 제거해야 한다. 마약 중독자나 알코올 중독자가 중독의 사슬을 끊어버리지 못하면 결국 몸을 망쳐버리는 것처럼, 과거의 익숙한 것들에 중독이 되어 헤어나지 못하면 자기 삶의 포로가 되어 노예 같은 생활을 하지 않을 수 없다.

둘째, 광야를 삶을 전환하는 절호의 기회로 삼기 위해서는 삶의 포트폴리오를 다시 짜야 한다. 과거의 포트폴리오를 그대로 갖고 있으면 안 된다. 그 포트폴리오는 이미 낡아빠져서 쓸모없게 된 것이다. 따라서 인생의 포트폴리오를 다시 만들어야 한다. 삶의 원점에 서서 고치고 다듬어서 매력 있고 가슴 뛰게 하는 버전으로 업그레이드해야 한다.

그러므로 자신이 지금 삶의 광야에 서 있다면 절망과 좌절의 늪에 빠져 허우적거려서는 안 된다. 황금은 뜨거운 불 속에서 단련되고 사람은 역경의 화덕에서 단련되는 것처럼, 시련이 닥치는 동안 자신을 단련하고 연마하여 좀더 자유로운 삶의 주인공으로 다시 태어나야 한다. 그렇다면 인생에서 광야를 만난다는 것은 역설적이게도 참으로 기쁘고 감사해야 마땅한 일이다.

그대는 지금 삶이 광야라고 생각하는가? 그렇다면 즐거워해야 할 일이다. 지금이야말로 미래의 꿈을 이루기 위해 새롭게 변신하고 거듭날 수 있는 절호의 기회인 것이다. 이 기회를 놓치지 말고 붙잡아라. 누에가 자기 힘으로 고치를 뚫고 나와야 푸른 창공을 나는 날개를 얻을 수 있는 것처럼, 고통과 고난의 순간을 스스로 극복하여 그대의 삶에 날개를 달아라.

지나온 삶을 되돌아보면 누구나 숨차게 달려오지 않은 사람이 없다. 한때는 잘나가던 좋은 시절도 있었고, 한때는 힘들고 고통스러운 날도 있었다. 과거의 삶이 어찌되었든, 잠시 짬을 내어 그동안의 삶을 회고해보고 앞으로 살아갈 미래를 생각해보는 짧지만 의미 있는 휴식시간이 필요하다.

무턱대고 열심히 달린다고만 해서 인생에서 승리하고 성공하는 것은 아니다. 자신이 원하는 삶을 창조하기 위해서는 지나온 삶을 냉철히 평가하고 생을 마치는 날까지 미래의 삶을 어떻게 살아야 멋지게 살 수 있을지 그 방향과 전략을 준비하고 실천하는 것이 중요하다.

그런 의미에서 우리에게는 '삶의 작전시간'이 필요하다. 이 의미 있는 시간에 해야 할 일은 무엇일까? 먼저 지금까지 살아온 전반전의 삶을 회고해볼 필요가 있다. 당신은 지금까지 인생의 게임에서 이기고 있는가, 지고 있는가? 만일 지고 있다고 생각한다면, 전반전의 자세와 전략 그대로 후반전에 임했을 때 그 결과가 어찌될지 아주 잘 알지 않는가?

그렇다면 어떻게 해야 할까? 바로 지금 이 작전시간에 필승의 전략을 수립해야 한다. 그러기 위해서 먼저 분명히 해두어야 할 것이 있다.

현재 자신의 모습은 언제 결정된 것인가? 그것은 이미 과거에 결정되었다. 과거에서 지금까지 자신이 생각하고 행동했던 모든 것의 결과가 현재 자기 모습으로 나타나는 것이다. 그러므로 현재는 과거의 생각과 행동에 따라 결정되는 것이다.

그렇다면 미래는 언제 결정되는 것일까? 미래는 현재의 생각과 행동에 따라 결정된다. 현재의 삶에 이미 자신의 미래가 잉태되어 자라고 있는 것이다. 그러므로 미래는 미래에 바꾸어지지 않는다. 미래를 바꿀 수 있는 유일한 시점은 바로 현재다. 현재를 바꾸지 않으면 미래는 결코 바뀌지 않는다.

오늘을 어제처럼 살지 말아야 할 이유가 여기에 있다. 만일 오늘을 어제와 똑같이 생각하고 어제와 똑같이 행동하며 산다면, 내일은 어제와 하나도 달라지지 않는다. 오늘은 어제의 자화상이자 내일의 미래상인 것이다.

그렇다면 이제 우리가 해야 할 일은 자명하다. 멋지고 성공적인 미래의 삶을 위해 오늘을 바꾸자. 정말이지 오늘을 어제처럼 살지 말자. 어제와는 다른 미래를 맞이하기 위해 오늘을 치열하게 살자. 오늘 이미 시작된 미래를 위해 과거의 생각과 행동을 바꿔 습관을 바꾸고 운명을 바꾸자.

그러기 위해서 우리의 삶을 구조조정하자. 미래를 위해 지금의 삶을 리모델링하자. 자신의 삶을 자기가 구조조정하면 '거듭' 날 수 있지만, 자신의 삶을 남이 구조조정하면 '거덜' 날 수 있다. 더욱이 지금 우리는 자의든 타의든 구조조정을 하지 않으면 안 되는 시대를 살아가고 있다. 남이 나를 구조조정할 때까지 자신을 방치하며 살지 말자. 그렇게 살면 결국 내 삶이 남의 손에 거덜나버릴 것이기 때문이다.

먼저 자신의 과거와 화해하라

자기 자신을 발견하고 가꾸는 일은 먼저 자신이 걸어온 과거의 삶의 흔적을 찾는 일에서 시작해야 한다. 그것이 밝은 것이었든, 어두운 것이었든, 보여주고 싶은 것이었든, 숨기고 싶은 것이었든, 있는 그대로 받아들이는 것에서 시작해야 한다. 심리학자 카를 구스타프 융은 자신을 받아들이는 것은 자신의 그림자까지도 다 받아들인다는 것을 의미한다고 했다.

우리는 대개 장점과 단점, 강점과 약점, 이성과 감성, 사랑과 미움, 믿음과 두려움, 이타심과 이기심 사이에서 밝은 면만을 보여주고 싶어한다.

그런데 양면성이 있는 인간이 어느 한 면만을 의식하며 살아가다 보면 다른 면은 그림자 속으로 숨어버린다. 그러나 그림자 속에 가려져 있던 부분은 사라지지 않고 억눌려 있다가 언젠가 부정적인 힘으로 작용할 가능성이 높다.

어느 순간 자기 안에 감춰진 약한 부분이 드러나면 매우 예민하게 반응하는 사람이 있다. 늘 강하게 살아가던 사람이 어느 날 갑자기 한없이 약한 모습을 보이기도 하고, 늘 자신감에 넘쳐보이던 사람이 순식간에 초라한 몰골로 변하기도 한다.

그림자 속에서 억압되어 있던 감정이 폭발하면 다른 부분의 조절능력까지도 완전히 상실하여 전혀 다른 사람이 되어버리고 만다.

하지만 자신의 그림자를 받아들인 사람은 다른 사람이

자신을 비판의 도마 위에 올려놓고 아무리 맹렬히 공격해도 침착함을 잃지 않고 차분하게 대처한다. 그는 이미 자신의 부족한 면, 편안하지 않은 면까지도 받아들여 자신의 두 발을 발판 위에 단단히 올려놓은 상태이기 때문에 어떤 상황이 닥쳐도 흔들리거나 좌절하지 않는다. 그러므로 그는 주위 사람의 견해에 좌우되지 않고 독립적이고 주체적으로 살아간다.

자신이 된다는 것은 참된 자기 자신으로 돌아오는 것을 의미하며, 다른 사람의 평가에서 자유롭게 된다는 것을 의미한다. 그것은 자신의 과거가 어떠했든 상관없이 자신이 지나온 삶의 역사와 화해하는 것이다. 설령 그 길에 수많은 고난과 고통의 그림자가 드리워져 있다 해도 그 어려움이 풍성한 열매를 맺게 하는 좋은 거름이 될 수 있기 때문이다.

그러므로 우리가 진정으로 해야 할 일은 자기 과거와 화해하고 그것을 재료로 삼아 미래의 삶을 새롭게 가꾸는 것이다. 자기 과거야말로 자기에게 주어진 훌륭한 재료다. 그것이 나무이든, 흙이든, 돌이든 상관없이 우리는 그 재료로 아름다운 작품을 만들 수 있다. 나무를 다듬어서 아름다운 공예품을 만들 수 있고, 흙을 버무려서 빛나는 도자기를 빚을 수 있으며, 돌을 다듬어서 훌륭한 조각품을 만들 수도 있다.

우리는 제각기 과거의 삶의 역사라고 하는 더 없이 귀중한 자산을 가지고 있다. 그러나 미래라는 작품을 훌륭하게 만들기 위해서는 재료가 무엇인지 꼼꼼히 살펴보아야 한다. 그렇게 하려면 먼저 자신의 과거와 화해해야 한다. 자신의 모든 것을 보듬어 안아야 한다. 그리하여 자신에게 있는 모든 것을 사랑할 수 있을 때 비로소 참다운 자신을 발견할 수 있다.

내 안에 있는 또 다른 나

내 마음속에는 내가 하나만 살고 있는 것이 아니다. 감정이 복합적인 여러 명의 내가 들어 있다. 그중에는 마음에 쏙 드는 감정도 있겠지만, 영 마음에 들지 않는 것도 있다. 누구나 그렇다. 그러나 그러한 마음 상태를 마냥 꾸짖거나 자책만 할 일이 아니다. 자신의 내면을 좀더 섬세하게 들여다보면 하나의 감정상태에도 양면성이 존재함을 알 수 있다.

직선적이라는 것은 솔직하다는 것이고, 독단적이라는 것은 신념이 강하다는 말도 된다. 흥분을 잘한다는 것은 그만큼 열정적이라는 것이고, 소심하다는 것은 꼼꼼하다는 것이며, 우유부단하다는 것은 융통성이 있다는 반증이기도 하다.

사실 아무리 훌륭한 리더라고 해도 그가 모든 것을 다 갖춘 것은 아니다. 철저하고 열정적이며, 리더십이 강하고 융통성이 있으며, 관대하고, 조화롭고, 창의적이고, 헌신적이고, 겸손하고, 섬세한 면을 두루두루 갖춘 사람이 이 세상에 있겠는가?

한 가지 성향이 강하면 반드시 그 반대쪽의 성향은 부족하게 되어 있는 것이 인간이다. 그러므로 자신에게 있는 여러 가지 다면적인 성향 가운데 좋은 것만을 잘 살려 매력적으로 만드는 것은 오로지 자기 자신만이 할 수 있는 자기 사랑의 방법이다.

우리가 누군가를 사랑한다는 것은 상대방의 매력에 이끌리기 때문인 것처럼, 자신을 사랑하기 위해서는 자기의 매력 포인트를 찾아내어 잘 가꾸는 일이 필요하다. 자신의 내면에 있는 그늘만 보려고 하지 말고 그 이면에 존재하는 빛을 보려고 할 때 비로소 지금까지 무능하게만 여겼던 자신에 대해서 희망과 용기가 용솟음치는 것을 느낄 수 있을 것이다.

심지어 자신을 찾는 일에 일말의 두려움을 느끼는 사람도 있다. 두려움이란 어떤 것을 확실하게 알지 못하거나 부정적인 생각을 할 때 나타나는 자연스런 감정상태이다. 진정 경계해야 할 것은 혹시 자신에 대해서 알면 알수록 실망하게 되지나 않을까 두려운 나머지, 미리 잔뜩 겁을 먹고 아예 시도해보려고도 하지 않는 것이다.

그러나 두려움은 현실이 아니다. 마음이 만들어낸 가짜일 뿐이다. 이 두려움의 허상을 지우기 위해 필요한 것이 용기다. 용기는 두려움을 느끼지 않는 것이 아니라, 두려움을 떨쳐버리려는 적극적인 의지다. 자신을 알기 위해서는 용기를 내야 한다. 당신 외에 누가 자기 내면에 있는 멋진 매력을 찾아내어 가꾸겠는가? 겁먹지 말고, 두려워하지 말고, 용기를 내라.

자신이 무엇을 잘할 수 있는 사람인지 알지 못하면 성공할 수 없다. 성공을 꿈꾸는 그대여! 아직 자신이 무엇으로 진검 승부를 펼쳐야 할지 모르고 있거든 더 머뭇거리지 말고 먼저 자신을 찾아 나서라. 그것을 발견하는 것은 곧 성공의 문을 여는 비밀열쇠를 찾아내는 것이다. 자기 내면에 있는 성공의 열쇠를 찾는 것은 모든 일 중에서 가장 먼저 해야 할 가치 있는 일이다.

시냅스의 비밀

사람의 생각이나 감정 또는 행동을 보면 제각기 다른 패턴이 있다. 외형적으로 보면 비슷해 보이는 사람들이 저마다 다른 패턴으로 살아가는 이유가 도대체 어디에 있을까?

그 모든 것은 뇌 안에 있는 여러 신경세포가 어떻게 작용하느냐에 달려 있다. 인간의 생각과 행동은 뇌의 신경세포인 뉴런이 서로 어떻게 연결되어 있느냐에 따라 좌우되는 것이다.

신경세포로 가득 차 있는 뇌는 복잡한 전기 회로처럼 얽히고설켜 있다. 그러나 신경세포끼리는 직접 연결되어 있지 않다.

뉴런과 뉴런 사이에는 아주 미세한 틈이 있는데, 여기서 뉴런 사이의 접촉점인 '시냅스(synapse)'가 형성되어 뉴런과 뉴런 사이를 연결해준다. 비유적으로 표현하자면 뉴런은 서로 교류하기 위하여 도로를 만드는데, 그 도로의 교차점에 해당하는 것이 시냅스라고 할 수 있다.

인간 두뇌의 거의 모든 활동은 신경세포의 연결 부분인 시냅스 사이에서 발생하는 신호 전달에 따라 이루어지기 때문에 시냅스는 인간의 두뇌활동의 핵심 역할을 담당하는 기관이다.

사람마다 제각기 다른 재능을 보이고 다른 행동을 하는 것은 신경세포끼리 서로 의사소통을 하도록 연결해주는 시냅스가 각기 다른 비밀 코드를 가지고 있기 때문이다. 그러므로 뇌의 신비는 시냅스에 숨겨져 있다고 할 수 있다. 그렇다면 시냅스는 뇌에서 구체적으로 어떤 일을 하는 것일까?

사람은 누구나 대략 1천억 개의 신경세포를 지니고 세상에 태어난다. 각각의 신경세포는 다른 신경세포와 약 1만~3만 개의 시냅스를 형성하게 된다. 그리하여 3세가 되면 시냅스의 수는 무려 10조 개에 이른다. 그러나 그후 시냅스의 수는 현저하게 감소한다. 가장 단단하게 연결된 시냅스만 남고 나머지는 사라져버린다. 사람의 뇌는 자신의 유전형질이나 환경에 맞게 남겨놓을 회로와 차단할 회로를 선별하여 초강력 회로만 남겨놓고 나머지는 차단해버리는 것이다.

이처럼 신비로운 자연의 섭리에 따라 사람은 저마다 자신만의 고유한 뇌 회로가 있는 사람으로 거듭나게 된다. 피부나 언어, 인종 같은 외형적인 차이 외에 인간이 근본적으로 서로 다른 이유는, 어떤 자극에는 매우 민감하고 다른 자극에는 매우 둔감하도록 세상의 수많은 정보를 분류하고 걸러주는 필터 역할을 하는 뇌 회로의 구조가 저마다 다르기 때문이다.

내 뇌 회로 필터는 당신의 그것과 다르다. 그러므로 내 필터로 보는 세상과 당신의 필터로 바라보는 세상은 다르다. 개개인의 뇌 회로가 서로 다르기 때문에 똑같은 일을 해도 사람들이 보여주는 성과는 저마다 다를 수밖에 없다. 또한 어떤 사람이든 특정 분야에서 특별한 능력을 보여주는 뇌 회로는 있게 마련이다.

따라서 자신의 분야에서 성공하고 싶어하는 사람은 자신의 뇌 회로가 어떤 구조인지 파악하는 것이 대단히 중요하다. 자신의 뇌에서 가장 강력한 시냅스 결합이 무엇인지 찾아내야 하는 것이다.

자신의 재능을 발견하여 강점으로 만드는 일은 가장 강력한 시냅스를 계속해서 강화하는 일이다. 그것을 발견하는 일이야말로 자신의 운명을 바꾸기 위해 꼭 해야 할 과제다.

해마의 정체

　뇌를 연구하는 학자들에 따르면 두뇌는 30세가 지나면서부터 다른 패턴을 보인다고 한다. 그전까지는 만들고 부수는 일을 계속하다가 서른이 지나면 안정된 구조를 지니게 된다는 것이다. 이때부터 나이에 상관없이 두뇌는 늘 새로운 자극을 경험하는 사람과 이전의 패턴에서 벗어나지 못하고 새로운 자극을 경험하지 못하는 사람 사이에 많은 차이를 보이기 시작한다.

　일반적으로 인간은 나이가 들수록 기억력이 감퇴되고 건망증이 심해지는 것으로 알려져 있다. 그러나 이것은 사실이 아니다. 뇌는 나이가 들수록 퇴화하는 것이 아니다. 잘만 사용하면 오히려 나이가 들수록 머리가 좋아질 수 있다는 것이다. 이 모든 놀라운 사실의 근저에 '해마(Hippocampus)' 가 자리 잡고 있다.

　만약 뱀이 무섭다는 기억이 있다면 그것은 결코 지워지

지 않는다. 따라서 뱀을 두려워하지 않기 위해서는 뱀이 무섭다는 회로와는 별도로 뱀이 무섭지 않다는 새로운 회로가 만들어져야 한다. 그러나 어떤 환경이 되면 뱀이 다시 무서워질 수 있다. 옛날에 기억했던 것은 그대로 되살아나기 때문이다.

이 모든 사실은 우리 두뇌는 일단 기억한 것은 그대로 담고 있음을 알려준다. 이때 우리의 뇌에서 기억을 관장하는 기관이 바로 해마다. 따라서 해마의 정체를 정확히 알고 나면 두뇌의 기능에 대해 좀더 구체적인 사실을 이해하게 된다.

사람의 두뇌에서 해마의 신경세포는 대략 1천만 개 정도 된다. 뇌 전체의 신경세포가 1천억 개 정도니까 해마의 신경세포가 많은 것은 아니다. 해마는 지름 1cm에 길이 5cm 정도로 대략 새끼손가락 크기만 하다.

우리 뇌의 신경세포인 뉴런은 3세 때 그 수가 가장 많고 성장하면서 점점 감소한다. 그러나 해마만큼은 다르다. 해마의 신경세포는 생성과 소멸을 거듭한다. 그렇기 때문에 생성되는 속도와 소멸하는 속도의 균형이 중요하다. 생성되는 속도가 더 빠르면 해마는 점점 커지고, 죽는 속도가 더 빠르면 해마는 점점 작아진다. 쓰지 않으면 자꾸 오므라드는 것이다.

우리 뇌에는 의식하든 의식하지 않든 대단히 많은 정보가 끊임없이 입력된다. 이렇게 들어온 정보는 모두 해마로 보내진다. 이때 해마는 도움이 되는 정보와 그렇지 않은 정보를 구분하여 필요한 정보만을 선택한다. 해마가 정보를 걸러 내보내는 교통정리를 하는 것이다.

해마는 이렇게 대단히 중요한 일을 담당하기 때문에 해마의 신경세포 수가 많아질수록 더 많은 정보를 처리할 수 있다. 따라서 해마가 커지면 기억력도 향상된다. 해마의 신경세포 수는 사람에 따라 많게는 10~20% 정도 개인차가 있다.

우리 뇌에서 정보의 선택과 기억을 관장하는 해마의 신경세포가 노력 여하에 따라 증가한다는 사실은 누구나 노력하면 나이가 들수록 점점 더 머리가 좋아질 수 있다는 매우 고무적인 결론에 도달하게 한다. 이것이야말로 나이와 상관없이 왜 삶을 열정적으로 살아야 하는가에 대한 참으로 훌륭한 답이 들어 있는 오묘한 우주의 섭리다.

어떤 일을 날마다 10년 정도 계속하다 보면 도통의 경지는 아니더라도 전문가 수준에 이르게 된다는 말은 우리 두뇌의 능력을 고려해볼 때 결코 허튼소리가 아니다. 우

리는 마음먹기에 따라서 두뇌의 능력을 상상하는 것 이상
으로 향상시킬 수 있다. 그러므로 지금 다른 사람보다 떨
어졌다고 해서 낙심할 필요도 없고, 다른 사람보다 낫다
고 해서 우쭐대서도 안 된다. 언제든지 역전 드라마를 연
출할 수 있는 주인공이 우리 머리에서 자기를 불러주기만
기다리고 있기 때문이다.

재능의 나무에서 강점의 꽃이 핀다

　어떤 분야에서든 탁월한 능력을 발휘하는 사람은 자신의
강점이 무엇인지 알고 그것을 최대한 활용할 줄 아는 사람
이다. 그렇다면 자신의 강점은 어떻게 찾을 수 있을까?
　강점은 재능에서 나온다. 강점을 발견하여 갈고 닦으려
면 먼저 재능을 알아야 한다. 성공적인 삶은 바로 거기에
서 나온다. 그렇다면 강점을 발견하는 데 필수적인 재능
은 어디에서 찾을 수 있을까?
　사실 자기 재능은 일상생활에 친숙하게 존재한다. 다만
이리저리 얽혀 있는 삶의 실타래 속에 뒤엉켜 있기 때문
에 그 실체를 쉽게 발견할 수 없을 뿐이다. 따라서 자신의

재능을 제대로 알기 위해서는 자신의 내면 깊숙한 곳으로 탐험을 떠나야 한다.

자기에게 있는 재능을 사용하면 가장 강력한 시냅스가 뇌 회로에서 활동하므로 에너지가 샘솟고 유쾌한 기분이 들고 즐거워서 콧노래가 절로 나오며 그 일을 지속하고 싶어진다. 시간 가는 줄 모르고 일에 집중하거나 몰입하는 사람은 그 일을 반복할수록 더 빠져들게 된다.

반면에 자기에게 없는 재능을 사용하면 뇌 회로에서 그 재능에 필요한 새로운 시냅스를 만들어야 하므로 지루한 기분이 들고 감정이 고통스런 상태가 되어 힘이 들고 괴롭다. 더욱이 그 일을 반복할수록 짜증이 나고 보람을 느끼지 못하므로 당장 그만두고 싶은 마음이 저절로 생긴다.

결국 성공하는 사람과 실패하는 사람은 어떤 일에서 자신의 재능을 제대로 인식하고 사용하느냐, 아니면 없는 재능을 억지로 만들어 사용하려고 하느냐에 따라 결정된다고 할 수 있다.

자신에게 어떤 재능이 있는지 발견할 수 있는 몇 가지 실마리가 있다. 12세 때 처음 교향곡을 작곡한 모차르트나, 13세 때 이미 미술대학에 등록한 피카소, 또한 6세 때 바둑에 입문한 이창호는 어린 시절부터 재능이 나타난 대표적인 사례들이다. 이들은 특별한 활동에 집중력을 강하게 나타냈다는 공통점이 있다.

그러나 타고난 재능을 조기에 발견하는 경우는 오히려 드물다. 대개는 후천적으로 어떤 계기가 자극이 되어 발견하는 경우가 일반적이다.

예를 들어 피카소와 같은 시대에 활동했던 위대한 화가 마티스는 21세까지만 해도 손에 붓을 쥐어본 적도 없었다. 늘 몸이 약해 질병에 시달리던 그는 또 한 번의 심한 독감에서 회복되던 어느 날 우연히 어머니에게서 미술 도구를 선물받는다. 그 순간 마티스는 삶이 송두리째 뒤바뀌는 엄청난 체험을 하게 된다. 마치 암흑의 동굴 속에서 헤매던 사람이 갑자기 생명의 찬란한 빛을 만난 것처럼 엄청난 에너지가 꿈틀거림을 느꼈다.

그로부터 4년 동안 마티스는 혼자서 그림 공부에 매달렸다. 심한 관절염으로 온몸이 뒤틀리는 고통과 싸우면서도 세계적으로 유명한 휴양도시인 프랑스 니스의 밝은 태양 아래서 자연의 아름다움에 매혹된 밝은 마음으로 그는 언제나 그림을 그렸다. 세계적인 화가 마티스는 그렇게 해서 '제2의 탄생'을 하게 되었다.

서울에 사는 평범한 가정주부 K씨는 어느 날 우연히 같은 아파트에 사는 아이의 생일잔치에서 음식 만드는 일을 도와주게 되었다. 그런데 뜻밖에도 아이들과 함께 온 엄마들이 음식을 맛있게 한다고 칭찬했다. 음식 솜씨가 좋다는 소문이 아파트 주부들의 입을 통해 퍼져나가기 시작했고, 이집 저집에서 김치를 비롯해 음식을 만들어 달라는 주문이 들어왔다.

그때 그녀는 자신이 요리에 재능이 있다는 것을 알게 되었다. 그리하여 본격적으로 요리학원에 다니며 필요한 자격증을 취득했다. 출장요리사 자격증도 땄다. 그녀를 찾는 고객은 갈수록 늘어났고, 기왕 나선 김에 작은 점포를 내기로 마음먹었다. 인터넷에 사이버 반찬가게도 개설했다. 그러면서 그녀는 이제까지 살아오면서 한 번도 생각해보지 못했던 꿈이 하나 생겼다. '세상에서 가장 맛있는 반찬가게를 꾸려 사람들을 즐겁고 기쁘게 해주는 것'이 그녀의 아름다운 꿈이다.

타고난 재능을 알아내는 법

뇌의 시냅스가 강하게 결합되어 있으면 마치 강한 자석

에 이끌리는 것처럼 뇌 회로에는 불이 켜진다. 그 불빛은 열망이라는 이름으로 나타난다. 열망은 뇌 회로 중에서 가장 강력한 회로가 반응하고 있다는 내면의 신호다. 만일 자신의 재능을 발견하고 싶다면 그런 내면의 외침에 귀를 기울여야 한다.

하고 싶은 열망이 얼마나 강렬한가를 알아보는 방법이 한 가지 있다. 당신이 어떤 일을 하고 있을 때, '이 일이 언제쯤 끝날까?' 하고 생각한다면, 당신은 그 일에서 재능을 발휘하지 못하고 있다는 증거다. 하지만 '언제 또 이 일을 할 수 있을까?' 하고 즐거운 기대감이 생긴다면, 당신은 그 일을 즐기면서 당신의 재능을 발휘하고 있을 가능성이 크다.

현재의 상황에서 벗어나기 위해 급급하다면 당신은 그 일에 흥미를 느끼지 못하며, 그 일에는 당신의 시냅스가 작동하지 않는다는 의미다. 그러나 현재뿐만 아니라 미래에 대한 즐거운 상상이 끊임없이 떠오른다면 당신에게는 지금 강력한 시냅스가 작동하며 내면의 에너지가 꿈틀거리고 있다는 증거다.

그러므로 당신이 타고난 재능을 알아내고 싶다면 자기 행동과 감정을 시간을 두고 꼼꼼히 관찰해보라. 끊임없이 자기 내면의 세계에서 들려오는 소리에 귀를 기울여라. 적어도 하루에 30분은 자신을 만나는 데 투자하라. 하루 24시간의 2%조차 자신에게 투자하지 못한다면 우리는 도대체 누구를 위하여 하루를 살아간다는 말인가!

그러나 대부분의 사람에게 자신을 발견할 수 있는 시간을 낸다는 것은 대단한 정성이 아니고는 사실상 어려운 일이다. 특히 자신을 객관적으로 분석하는 일은 더더욱 어려운 일이다. 이때 당신은 이미 객관적으로 검증된 프로그램을 자신의 재능을 발견하는 데 요긴하게 활용할 수 있다.

피아노 건반 88개

세상에 존재하는 모든 음악은 피아노 건반 88개로 표현할 수 있다. 그러나 피아노 건반이 한꺼번에 동원되어야만 아름다운 선율이 창조되는 것은 아니다. 그중 몇 개의 건반을 조합해 모차르트의 교향곡에서 이미자의 트로트에 이르기까지 사람들에게 사랑받는 선율을 탄생시키는 것이다.

어떤 사람이 자기 분야에서 탁월한 성과를 거두는 것도 그가 모든 점에서 남들보다 뛰어나기 때문인 것은 아니다. 다른 사람과 차별화할 수 있는 몇 가지 고유한 강점을 잘 조합했기 때문에 성공의 열매를 거두어들일 수 있었던 것이다.

벤저민 프랭클린은 살아가면서 활용하지 못한 채 묻혀 있는 재능을 '그늘 속의 해시계'에 비유했다. 그러면서 인생의 비극은 충분히 활용할 재능을 타고나지 못한 것이 아니라 자신의 재능을 제때 발휘하지 못하고 사는 것이라고 했다.

우리는 누구나 88개의 건반을 가지고 세상에 태어난다.

하지만 그 건반으로 어떤 사람은 불후의 명작을 만드는 반면, 어떤 사람은 세상의 소음거리밖에 되지 않는 초라한 곡을 만들어낸다. 그 이유는 명곡을 만들 건반이 없기 때문이 아니라 그 건반을 어떻게 조합해야 사람들의 심금을 울리는 아름다운 선율을 창조하는지 모르기 때문이다.

세상을 감동시킬 멋진 선율을 우리는 이미 머리에 담고 있다. 다만 여전히 그늘 속의 해시계처럼 활동하지 못하기 때문에 자신이 원하는 것을 얻지 못하고 있을 뿐이다. 이제 그늘에 있는 당신의 해시계에 빛을 비출 때가 되었다. 당신은 어떤 건반을 움직여 세상의 관객을 감동시키고 싶은가? 세상에 하나뿐인 불후의 명곡을 작곡할 유일한 주인공은 바로 당신이다.

자기발견의 도우미 MBTI

낚시터에 가보면 모두 낚시만 하고 있는 것이 아니다. 어떤 사람은 낚시보다는 가지고 온 음식이나 잡은 고기를 요리하는 일에 더 흥미를 보이고, 어떤 사람은 화투 판 벌이기에 정신이 없다. 고기는 못 잡아도 술 마시며 사람들과 어울리는 것에 더 관심을 보이는 사람이 있는가 하면, 허공을 응시하며 말없이 인생을 낚는 사람도 있다.

똑같이 낚시터에 있으면서도 이들의 관심이 각기 다른 이유를 무엇으로 설명할 수 있을까? 아마도 그 이유 가운데 하나는 그들의 성향이 제각기 다르기 때문일 것이다. 낚시터에 가면 고기를 잡아야 한다는 생각은 어떤 사람에게는 당연한 것이지만, 다른 사람에게는 고정관념으로 여겨진다. 그래서 예나 지금이나 낚시터에서는 고기와 더불어 온갖 삶의 다양한 모습이 낚싯줄에 함께 따라 올라온다.

이 지구상에는 60억 명이 넘는 사람이 살고 있다. 그들은 언어와 인종이 다르고 문화와 관습이 서로 다르다. 하지만 그런 겉으로 드러나는 외형적인 특성 말고도 사람의 성품은 저마다 다르다. 저마다 고유한 맛과 향기와 빛깔이 있는 과일처럼, 저마다 아름다운 모양과 색깔과 향기가 있는 꽃처럼, 사람에게도 각자 독특하고 고유한 성품이 있다. 그러므로 자신의 캐릭터가 사과인지 배인지 장미인지 백합인지 알아보는 것은 분명한 자기 정체성을 확립할 수 있는 것과 함께 자신에게 어울리는 가장 멋진 삶의 방식을 찾아내고 계발하는 데도 꼭 필요한 과정이다.

자기를 발견하는 데 활용할 수 있는 도구 가운데 세계적으로 가장 권위 있는 검사 가운데 하나가 'MBTI(Myers – Briggs Type Indicator)'라고 부르는 성격유형검사다. MBTI는 어머니인 캐서린 브릭스와 딸인 이사벨 마이어스가 저명한 심리학자 융의 성격유형이론을 토대로 하여 20년 동안 약 4만 명을 '관찰'하여 1944년에 최초로 완성했으며, 우리나라에는 1990년에 심혜숙·김정택 교수가 한국판 MBTI 표준화 작업을 완성하여 본격적으로 소개하기 시작했다.

이 검사는 피검자가 쉽게 응답할 수 있는 자기보고(self – report)식의 문항을 통해 무엇을 인식하고 판단할 때 각자 선호하는 경향을 찾고, 그러한 선호 경향이 하나하나 또는 여러 개가 합쳐져서 인간의 행동에 어떠한 영향을 미치는지 파악하여 실생활에 응용할 수 있도록 제작한 심리검사다.

MBTI검사는 외향형(E)과 내향형(I), 감각형(S)과 직관형(N), 사고형(T)과 감정형(F), 판단형(J)과 인식형(P)의 네 가지 선호 쌍의 조합으로 이루어진 16가지 성격유형으로 구성되어 있다. 참고로 MBTI검사를 통해 알아본 필자의 성격유형은 16가지 유형 가운데 INFP형에 해당한다. INFP형의 일반적인 특징은 다음과 같다.

"마음이 따뜻하나 상대방을 잘 알기 전에는 표현하지 않는다. 조용하며 자신과 관계있는 사람이나 일에 대하여 책임감이 강하고 성실하다. 또한 자신이 지향하는 이상에 대해서는 열정적인 신념이 있다. 이해심과 적응력이 많고 대체로 관대하고 개방적이다. 그러나 내적인 신의가 위협을 받으면 한 치의 양보도 없다. 남을 지배하려는 경향이 거의 없다.

새로운 아이디어에 대한 호기심이 많고 통찰력과 긴 안목으로 앞을 내다본다. 노동의 대가를 넘어서서 자신이 하는 일에서 의미를 찾으려는 경향이 있으며, 인간 이해나 인간 복지에 기여할 수 있는 일을 하기 좋아한다. 언어나 학문 분야를 비롯하여 심리학, 상담, 문학, 예술 분야에서 능력을 발휘한다.

때로는 일을 지나치게 벌이는 경향이 있으며, 자신의 이상과 자신이 실제로 성취한 일의 차이 때문에 힘들어하기도 한다. 또한 너무 많은 사람을 동시에 만족시키려는 부담에서 벗어나려는 노력과 객관적인 태도가 필요하기도 하다. 아울러 확고한 자기주장이 있으면서 타인의 요청을 거절할 수 있도록 노력해야 한다."

MBTI검사를 제대로 받아보고 싶으면 한국MBTI연구소(www.mbti.co.kr)나 한국심리검사연구소(www.kpti.co.kr)에서 관련된 정보를 얻으면 된다. 그외에 책에서 얻을 수 있는 정보로는 《사람의 성격을 읽는 법》(폴 D. 티거, 바바라 배런 - 티거 지음, 강주헌 옮김, 더난출판사), 《나

에게 꼭 맞는 직업을 찾는 책》(폴 D. 티거, 바바라 배런 –
티거 지음, 백영미 · 최석순 옮김, 황금가지), 《너의 꿈은
무슨 색깔이니》(하영목 지음, 가산출판사) 등에 유익한 정
보가 수록되어 있다.

🌱 자신의 강점 지능을 발견하라

　시대 흐름에 따라 산업구조, 직업세계에 혁명적인 변화
가 밀려오는 현대사회에서 자신의 진로와 직업 선택의 문
제로부터 자유로울 수 있는 성인은 아무도 없다고 해도
지나친 말이 아니다. 청소년기나 대학 재학시절에 할법한
고민을 20~30대는 물론 40~50대까지 하는 추세다. 한창
열심히 일해야 할 나이에 언제 회사에서 쫓겨날지 모르는
불안감을 안고 업무에 임한다는 것은 참으로 고통스러운
일이 아닐 수 없다.

　현재 직장생활을 하고 있으면서도 마음속으로는 다른
일을 꿈꾸고 있다면 망설이지 말고 분명한 결단을 내려야
한다. 지나치게 서두를 필요는 없지만, 그렇다고 해서 마
냥 느긋하게 시간을 보내도 될 만큼 한가한 상황도 절대

아니다. 지금까지 살면서 인지한 자신의 강점을 바탕으로 하여 직업과 삶을 재규정하고, 필요하다면 삶을 변화시킬 수 있는 방법을 주도적으로 모색해야 한다.

한 가지 분명한 것은 인간의 지능은 다양하다는 사실이다. 다만 성장 과정에서 개인에 따라 자신의 강점 지능을 제때 발견하여 잘 살리는 사람과 그렇지 못한 사람의 삶의 내용이 달라진다.

시간을 똑같이 투자하고 똑같이 노력하더라도 그 일을 수행하는 데 필요한 역량이 어느 정도 있느냐에 따라 성과는 많이 달라진다. 그에 따라 경제적 보상이나 정신적 만족 또한 달라지게 마련이다. 그래서 어떤 사람은 사업가로 성공하여 돈을 벌고, 어떤 사람은 디자이너로 성공하여 국제적인 명성을 얻으며, 어떤 사람은 이미 젊은 나이에 마술사로 이름을 날린다. 그런가 하면 어떤 사람은 당장 눈앞에 닥친 문제를 해결하느라 허둥대며 살아간다.

성공은 노력과 반드시 비례하지 않는다. 다시 말해서 열심히 노력만 한다고 해서 모두 성공하는 것은 아니라는 말이다. 그렇다면 노력 이외에 무엇이 필요한 것일까? 무엇에 노력을 기울이느냐가 더 중요하다. 미국 하버드대학의 하워드 가드너 교수에 따르면 사람마다 강한 지능과 약한 지능이 있으며, 어떻게 하면 강한 지능을 더 강하게 계발하느냐에 따라 인생의 성공 여부가 결정된다고 한다.

땅 속에 묻혀 있는 커다란 금광도 발굴하여 정제하지 않으면 그저 큰 바위덩어리에 지나지 않는 것처럼 인간의 잠재능력도 발견하고 계발하지 않으면 아무 쓸모없는 것이 되고 만다. 그러므로 지금 자신이 어떤 자리에 있고 나이가 얼마나 되느냐에 상관없이 지금부터라도 자신의 내면에 흐르는 광맥을 찾아내어 마음껏 빛을 발하게 하는 것은 우리가 해야 할 참으로 중요한 일이다.

그러나 자신의 잠재능력을 발견하고 강점지능을 찾아내는 일은 그렇게 간단하지 않다. 이때 우리는 이미 검증된 방법을 통하여 훨씬 수월하게 자신의 강점을 발견할 수 있다.

그중 하나가 하워드 가드너 교수의 '다중지능(MI : Multiple Intelligence)이론'을 근간으로 서울대학교 문용린 교수가 저술한 《지력혁명》에 나와 있는 '다중지능검사'를 활용해보는 것이다.

강점 지능 발견의 도우미 다중지능검사

　다음은 《지력혁명》의 부록에 나오는 다중지능검사 관련 56개 문항을 그대로 옮긴 것이다. 지시에 따라 답하고 검사 결과를 확인해보기 바란다.

▶ **각 문항을 읽고 해당 번호를 맨 뒤쪽 답안지에 표시하세요.**
(1. 전혀 그렇지 않다 / 2. 별로 그렇지 않다 / 3. 보통이다 / 4. 대체로 그렇다 / 5. 매우 그렇다)

1. 취미생활로 악기 연주나 음악 감상을 즐긴다.

2. 운동 경기를 보면 운동선수들의 장·단점을 잘 집어낸다.

3. 어떤 일이든 실험하고 검증하는 것을 좋아한다.

4. 손으로 물건을 만들고, 그림 그리는 것을 좋아한다.

5. 다른 사람보다 어휘력이 풍부한 편이다.

6. 친구나 가족의 고민거리를 들어주거나 해결하는 것을 좋아한다.

7. 나 자신을 되돌아보고 앞으로의 생활을 계획하는 것을 좋아한다.

8. 자동차에 관심이 많고, 각각의 공통점과 차이점을 잘 알고 있다.

9. 악보를 보면 그 곡의 멜로디를 어느 정도 안다.

10. 평소에 몸을 움직이며 활동하는 것을 좋아한다.

11. 학교 다닐 때 수학이나 과학 과목을 좋아했다.

12. 어림짐작으로도 길이나 넓이를 비교적 정확히 알아맞힌다.

13. 글이나 문서를 읽을 때 문법적으로 어색한 문장이나 단어
를 잘 찾아낸다.

14. 직장 내 성희롱이 왜 발생하고 어떻게 해결하면 좋은지
알고 있다.

15. 내 건강 상태나 기분, 컨디션을 정확히 파악할 수 있다.

16. 옷이나 가방을 보면 어떤 브랜드인지 바로 알아맞힐 수
있다.

17. 다른 사람의 연주나 노래를 들으면 어떤 점이 부족한지
알 수 있다.

18. 어떤 운동이라도 한두 번 해보면 잘할 수 있다.

19. 다른 사람의 말에서 비논리적인 점을 잘 찾아낸다.

20. 다른 사람의 그림을 보고 평가를 잘할 수 있다.

21. 어렸을 때 꿈이 작가나 아나운서였다.

22. 다른 사람에게 다정다감하다는 소리를 자주 듣는다.

23. 내 생각이나 감정을 상황에 맞게 잘 통제하고 조절한다.

24. 동물이나 식물에 대한 정보를 많이 알고 있다.

25. 다른 사람과 노래할 때 화음을 잘 넣는다.

26. 운동을 잘한다는 말을 자주 듣는다.

27. 회사 생활에서 발생하는 문제를 해결하는 절차와 방법을 잘 알고 있다.

28. 내 방이나 사무실을 꾸밀 때, 어떤 재료를 사용해야 하고 어떻게 배치해야 할지 잘 알아낸다.

29. 글을 조리 있고 설득력 있게 쓴다는 말을 자주 듣는다.

30. 직장 동료나 상사의 기분을 잘 파악하고 적절하게 대처한다.

31. 평소에 내 능력이나 재능을 계발하기 위해 노력하고 있다.

32. 동물이나 식물을 좋아하고 잘 돌본다.

33. 악기를 연주할 때 곡의 음정, 리듬, 빠르기, 분위기를 정확하게 표현한다.

34. 뜨개질이나 조각, 조립처럼 섬세한 손놀림이 필요한 활동을 잘할 수 있다.

35. 물건의 가격이나 은행 이자 등을 잘 계산한다.

36. 다른 사람에게 그림 그리기나 만들기를 잘한다고 칭찬받은 적이 있다.

37. 책이나 신문의 사설을 읽을 때 그 내용을 잘 이해한다.

38. 가족이나 직장 동료, 상사 등 누구와도 잘 지내는 편이다.

39. 내 일정을 다이어리에 정리하는 등 규칙적인 생활을 하기

위해 노력한다.

40. 나는 현재 동식물과 관련된 직업에 종사하고 있다.

41. 어떤 악기라도 연주법을 비교적 쉽게 배운다.

42. 개그맨이나 탤런트, 주변 사람의 행동을 잘 흉내낼 수 있다.

43. 어떤 것을 암기할 때 무작정 외우기보다는 논리적으로 이해하여 암기한다.

44. 새로운 지식을 습득할 때 그림이나 개념 지도를 그려가며 외운다.

45. 학교 다닐 때 국어 시간이나 글쓰기 시간을 좋아했다.

46. 내가 속한 집단에서 내가 해야 할 일을 잘 찾아서 수행한다.

47. 어떤 일에 실패했을 때 그 원인을 철저히 분석해서 다음에는 그런 일이 생기지 않게 노력한다.

48. 동식물이나 특정 사물의 특징을 분석하기 좋아한다.

49. 빈칸을 주고 어떤 곡을 채워보라고 하면 박자와 전체 곡의 분위기에 맞게 채울 수 있다.

50. 연기나 춤으로 내가 전하려는 것을 잘 표현할 수 있다.

51. 어떤 문제가 생기면 성급하게 결론을 내리기보다는 그 원인을 여러 가지로 밝히려고 한다.

52. 고장 난 기계나 물건을 잘 고친다.

53. 다른 사람이 하는 말의 핵심을 잘 파악한다.

54. 다른 사람 앞에서 프레젠테이션이나 연설을 잘한다.

55. 앞으로 어떻게 성공해야 할지에 대해 뚜렷한 신념이 있다.

56. 환경 문제를 해결할 수 있는 방법을 많이 알고 있다.

A	B	C	D	E	F	G	H
1	2	3	4	5	6	7	8
9	10	11	12	13	14	15	16
17	18	19	20	21	22	23	24
25	26	27	28	29	30	31	32
33	34	35	36	37	38	39	40
41	42	43	44	45	46	47	48
49	50	51	52	53	54	55	56

세로 항목별 총계

평가

➡ 답안지의 번호가 1인 경우는 1점, 2는 2점, 3은 3점, 4는 4점, 5는 5점을 준다.

➥ 세로 항목별로 점수를 다음 공식에 넣어 100점 만점으로 환산한다.

(총점 − 7)÷7×25＝각 지능의 점수

➥ 각각의 세로 항목에 해당하는 지능

A : 음악지능　　　　　　　　　B : 신체운동지능

C : 논리수학지능　　　　　　　D : 공간지능

E : 언어지능　　　　　　　　　F : 인간친화지능

G : 자기성찰지능　　　　　　　H : 자연친화지능

지능영역별 특징과 대표적 직업군

지능은 복합적인 특성이 있다. 이 말의 의미는 사람은 대개 어떤 한 영역에서만 특출난 지능을 발휘하기보다는 몇 가지 지능이 복합적으로 작용하여 어떤 일이나 활동에서 능력을 발휘하게 된다는 뜻이다.

앞에서 자가 채점한 여덟 가지 지능영역별 점수를 우선순위별로 재구성해보라. 그리고 우선순위별로 1, 2, 3순위가 각각 무엇인지 적어보라. 60점을 기준으로 하여 환산점수가 그보다 높은 점수를 보이는 지능영역은 특화할 필요가 있는 잠재역량들이다. 이상적인 경우는 약 2개 내지 3개 영역에서 60점 이상의 점수를 보이는 것이다.

그러나 반드시 그래야 할 특별한 이유는 없다. 다만 네

개 이상의 영역에서 높은 점수 분포를 보이면 다중지능의 관점에서 잘할 수 있는 일의 영역이 그만큼 넓다는 뜻도 되지만, 자칫 잘못하면 이일 저일에 손을 대지만 어떤 일에서도 프로페셔널한 수준에 오르지 못하는 우를 범할 수도 있기 때문에 주의해야 한다. 또한 극단적으로 8개 영역 전체에서 점수가 50점 이하로 나왔다면 아직 지능에 대한 성숙도가 많이 떨어진다는 의미로도 해석할 수 있으므로, 이 경우에는 지속적인 지능 계발과 함께 자아 정체감을 향상하기 위해 노력해야 한다.

다음에 제시하는 표는 각 지능영역별 특징과 거기에 해당하는 대표적 직업들을 정리해놓은 것이다. 각자 자신의 강점 지능 영역에 해당하는 특징과 직업에 대해 진지하게 고찰해보기 바란다.

●● 다중지능영역별 직업군 표

지능영역	특징	대표적 직업
언어지능	● 말하기를 즐긴다. ● 책읽기를 즐긴다. ● 글쓰기를 즐긴다. ● 새로운 말을 쉽게 배운다 ● 말로 사람들을 즐겁게	시인 · 변호사 · 설교자 · 성우 · 프로듀서 · 사서 · 상담가 · 소설가 · 방송인 · 영업사원 · 번역가 · 개그맨 · 학원강사 · 치료사 · 극작가 · 기자 · 외교관 · 통역사 · 아나운서 · 교육자 · 카피라이터 · 정치가 · 연설가 · 언어

지능영역	특징	대표적 직업
언어지능	한다. ● 어휘를 다양하게 구사한다.	학자 · 평론가 · 경영자 · 행정가 · 법률가 · 중개인 · 관광 가이드 *셰익스피어, 윈스턴 처칠, 김제동, 박경리, 류시화, 안도현*
음악지능	● 노래를 자주 흥얼거린다. ● 소리나 멜로디를 잘 기억한다. ● 리듬에 맞춰 몸을 잘 흔든다. ● 소리를 잘 구분한다. ● 몸에 대한 감각이 좋다. ● 박자의 변화에 민감하다.	성악가 · 음향기술자 · 댄서 · 음악공연 연출가 · 악기점 경영자 · 연주자 · 음악평론가 · 음악교사 · 악기제조가 · 작곡가 · 피아노교육사 · 음반제작자 · 음악학원 강사 · 음악치료사 · 가수 · 반주자 · 뮤지컬 공연자 *모차르트, 베토벤, 서태지, 장영주, 정명훈, 조용필*
논리수학지능	● 숫자를 친숙하게 다룬다. ● 논리적으로 생각하고 접근한다. ● 사물의 작동 원리에 관심이 많다. ● 규칙에 바탕을 두고 행동한다. ● 문제에 분석적으로 접근한다. ● 모으고, 정리하고, 분류하기를 좋아한다.	컴퓨터 프로그래머 · 은행원 · 구매대리인 · 법조인 · 수학자 · 의사 · 생활설계사 · 탐정 · 정보기관원 · 화학자 · 공인회계사 · 법률가 · 물리학자 · 회계감시원 · 수학교사 · 통계학자 · 엔지니어 · 경리사원 · 과학교사 · 펀드 매니저 *아인슈타인, 갈릴레이, 빌 게이츠, 안철수, 장영실, 뉴턴*
공간지능	● 그림 그리기를 좋아한다. ● 만화나 낙서를 즐긴다. ● 물건을 보기 좋게 잘	디자이너(인테리어, 패션, 웹, 게임, 헤어, 무대, 컴퓨터 그래픽 등의 분야) · 일러스트레이터 · 화가 · 건축가 · 코디네이터 · 탐험가 · 요리사 ·

지능영역	특징	대표적 직업
공간지능	배치한다. ● 지도해석력이 뛰어나다. ● 장소나 거리를 잘 기억한다. ● 물건을 다양한 모양으로 만들고 꾸민다. ● 조립하거나 세우기를 좋아한다.	관광 가이드 · 조각가 · 설계사 · 애니메이터 · 택시운전사 · 외과의사 · 예술평론가 · 항해사 · 사진사 · 공예가 · 화장품 관련 직업 · 큐레이터 · 엔지니어 · 파일럿 · 미술교사 · 동화작가 · 서예가 · 발명가 *피카소, 가우디, 레오나르도 다빈치, 앙드레 김, 백남준*
신체운동지능	● 신체를 통한 활동에 능숙하다. ● 공이나 도구를 직접 만지고 다루기를 좋아한다. ● 몸의 리듬 감각이 좋다. ● 다른 사람의 행동을 잘 기억하고 그대로 흉내낸다.	운동선수 · 체육학자 · 무용교사 · 경찰 · 치어리더 · 도예가 · 안무가 · 외과의사 · 체육교사 · 스포츠 에이전트 · 체육관 강사 · 사회체육지도자 · 조각가 · 연극인 · 코치 · 훈련감독 · 기계공 · 무용가 · 공학자 · 레크레이션 지도자 · 경락 마사지사 · 경호원 · 정비 기술자 · 엔지니어 · 물리치료사 · 보석세공인 · 발레리나 · 뮤지컬 배우 · 카레이서 · 스포츠 해설가 · 배우 · 군인 · 산악인 *안정환, 채시라, 박세리, 권상우, 타이거 우즈, 강호동*
인간친화지능	● 연령 구분 없이 사람을 잘 사귄다. ● 다른 사람과 어울려 활동하기를 좋아한다. ● 다른 사람을 배려하고 잘 이끈다. ● 친구들의 어려운 일과	기업경영자 · 사회학자 · 법조인 · 방송프로듀서 · 영업사원 · 호텔경영자 · 사회운동가 · 배우 · 간호사 · 학습지 교사 · 정치가 · 웨딩플래너 · 이벤트 사업가 · 사회복지사 · 승무원 · 판매원 · 종교지도자 · 카운슬러 · 외교관 · 교사 · 설교사 · 상담

지능영역	특징	대표적 직업
인간친화 지능	고민을 잘 해결해준다. ● 사람이나 조직을 잘 이끈다. ● 사람들 사이에 중재를 잘한다.	원 · 심리치료사 · 학교교장 · 정신과 의사 · 호텔리어 · 개인 사업가 · 컨설턴트 · 관광 가이드 *간디, 헬렌 켈러, 링컨, 김구, 이건희, 마더 테레사, 등소평*
자기성찰 지능	● 자기 자신의 감정을 잘 이해한다. ● 내면세계에 관심이 많다. ● 혼자서도 잘 지낸다. ● 자주 묵상한다. ● 추구하려는 목표를 잘 설정한다.	신학자 · 정신분석학자 · 심리치료사 · 종교지도자 · 심리학자 · 성직자 · 심령술사 · 사회사업가 · 작가 · 작곡가 · 역술인 · 발명가 · 기업가 · 동기부여 강사 · 철학자 · 예술인 · 상담가 *버지니아 울프, 간디, 예수, 프로이트, 김수환, 소크라테스, 성철, 전혜린*
자연친화 지능	● 애완동물이나 자연의 동식물에 관심이 많다. ● 자연물 관찰에 흥미를 보인다. ● 음식 만들기를 좋아한다. ● 화분과 꽃을 잘 관리한다. ● 곤충이나 파충류에 대한 혐오감이 별로 없다.	유전공학자 · 식물학자 · 생물학자 · 수의사 · 조류학자 · 농화학자 · 천문학자 · 고고학자 · 한의사 · 의사 · 약사 · 환경운동가 · 농장운영자 · 조리사 · 동물조련사 · 애완동물관리사 · 요리평론가 · 원예가 · 화원경영자 · 생물교사 · 지구관련 교사 · 생명공학자 · 농어민 · 산림관리자 · 곤충학자 · 조경사 · 섬유예술가 *파브르, 엄홍길, 윤무부, 아문센 리빙스턴*

강점 지능 활용법

사람은 누구나 여덟 가지 지능을 골고루 가지고 있다. 다만 각 지능별로 높낮이가 다를 뿐이다. 중요한 것은 이들 지능이 어떻게 상호작용을 하느냐에 따라 강점 지능이 더 강화될 수도 있고 영원히 빛을 보지 못할 수도 있다는 점이다. 그러므로 자신의 여덟 가지 지능영역 가운데 점수가 가장 높은 것을 조합하여 최고의 시너지 효과를 창출할 수 있도록 노력하는 것이 매우 중요하다.

가령 삼성그룹의 이건희 회장은 공식석상에서 좀처럼 입을 열지 않는다. 언론과 인터뷰하지 않는 것으로도 유명하다. 미루어 짐작하건대 그의 언어지능은 그리 뛰어나지 않을 것이다. 그런 이건희 회장이지만 어떤 사업이나 프로젝트를 수행하기 전에는 항상 깊이 사색해서 남들이 보지 못하는 통찰력을 발휘하여 훌륭한 결단을 내린다. 그는 자기성찰능력을 강점 지능으로 하여 기업가가 갖춰야 할 인간친화능력을 효과적으로 결합함으로써 탁월한 시너지를 만들어내는 것이다.

신체운동지능이 높다고 해서 반드시 운동선수로 성공해야 하는 것은 아니다. 거기에 언어지능이 결합되면 하일성 씨처럼 유능한 스포츠 해설가로 명성을 날릴 수도 있고, 인간친화능력이 결합되면 강호동 씨나 강병규 씨처럼 연예인으로 이름을 떨칠 수도 있다.

그런가 하면 음악지능이 뛰어나다고 해서 모두 음악으로 성공하는 것은 아니다. 음악적 재능을 타고난 사람 중에도 어떤 사람은 음악가의 길을 가다가 중도에 포기하기도 하고, 어떤 사람은 아무리 노력해도 어느 정도 수준에 오르지 못하는 경우도 있다. 따라서 음악지능을 자신의 직업과 연결하기 어려우면 다른 일곱 가지 지능 중에서 경제적 부가가치가 있는 지능을 더 집중 계발하면서 음악지능을 취미활동이나 동호인 클럽 활동으로 삼을 수도 있다.

우리는 누구나 강점과 약점이 다 있다. 이때 자신의 약한 지능을 끌어올려 성공하려고 하기보다는 강한 지능을 효과적으로 활용하여 성공하는 것이 훨씬 수월하고 실현 가능성이 높다. 앙드레 김은 패션 디자이너로뿐만 아니라 패션쇼 연출가로도 명성이 자자하다. 그는 높은 공간지능을 기반으로 인간친화지능에서도 뛰어나 매우 세련되고 다양한 대인관계를 유지하는 것으로 유명하다.

자신의 강점 지능과 약점 지능을 잘 파악하고 있으면 어떤 직업에서 어떤 일을 하는 것이 가장 경쟁력이 있는지 알 수 있다. 또한 자신의 강한 지능과 약한 지능을 잘 알고 있으면, 현재의 직업이 강점을 잘 살릴 수 있는 분야라면 더욱 그 분야에 집중할 수 있도록 해주고, 그렇지 않은 분야라면 강점 지능을 발휘할 수 있는 다른 분야를 찾아보게 하는 전기를 마련해준다.

자기계발의 도우미 홀랜드 진로탐색검사

'홀랜드 진로탐색검사'는 미국의 저명한 심리학자 존 홀랜드(John L. Holland)의 이론에 입각하여 제작한 검사로, 미국을 비롯하여 전세계적으로 가장 많이 사용한다.

이 검사는 실재형(R), 탐구형(I), 예술형(A), 사회형(S), 기업형(E), 관습형(C)의 여섯 가지 직업적 성격유형을 측정하여 일이나 활동 또는 직업에 대한 흥미, 능력 유무, 성격적 특성 등에서 나타나는 직업적 성격유형을 찾아내는 검사다.

홀랜드 진로탐색검사는 고등학생이 대학에 진학할 때 어떤 학과나 전공을 선택하는 것이 적합한지 판별하는 지침으로 활용할 수 있다. 또한 대학생에게는 자신의 전공학과의 적합성 또는 부전공이나 복수전공을 선택하기 위한 좋은 지침으로, 졸업을 앞둔 대학생에게는 대학원 진학과 취업을 놓고 어떤 것을 선택하는 것이 더 바람직할지 판별하는 유력한 도구로써 잘 활용할 수 있다.

한편 이 검사는 일과 관련하여 매우 유용한 정보를 제공해준다. 회사에 취직할 때 어떤 직무를 맡게 되면 가장 능률적이고 만족스런 직장생활을 할 수 있는지 진단하는 자료로 활용할 수 있으며, 직무 능력의 개발이나 승진을 위한 참고자료로도 활용할 수 있다.

그뿐만 아니라 직업생활에서 부적응, 이직, 전직, 실직, 퇴직 등 직업적 변화에 따른 평생 진로탐색의 자료로 활용하기에도 손색이 없다.

홀랜드 진로탐색검사는 온라인과 오프라인에서 편리하게 검사를 받아볼 수 있다. 이 검사와 관련하여 우리나라에서의 저작권은 부산대학교 안창규 교수에게 있으며, 출판권은 한국가이던스가 보유하고 있다. 이 검사에 관심이 있으면 한국진로상담연구소(www.teensoft.net)나 한국가이던스(www.guidance.co.kr)의 홈페이지에서 좀더 구체적인 검사방법을 알아보기 바란다.

🪴 홀랜드 진로탐색검사의 유형별 특징

홀랜드 진로탐색검사의 여섯 가지 유형별 특징과 직업 적 선호도 및 대표적인 직업군에 관한 정보가 다음 표에

●● 홀랜드 진로유형과 특징

	R : 실재형 (Realistic)	I : 탐구형 (Investigative)	A : 예술형 (Artistic)
성격특징	남성적이고, 솔직하고, 검소하고, 지구력이 있고, 신체적으로 건강하고, 소박하고, 말이 적으며 단순하다.	탐구심이 많고, 논리적·분석적·합리적이며, 정확하고, 지적 호기심이 많다. 비판적·내성적이고, 수줍음을 잘 타며 신중하다.	상상력과 감수성이 풍부하고, 자유분방하며, 개방적이다. 감정이 풍부하고, 독창적이며, 개성이 강하고, 협동적이지 않다.
자기평가	단순한, 말이 적은, 냉정한, 건실한, 기계적인, 구체적인, 실리적인, 비사교적인, 솔직한, 순응적인, 고집스런, 거친, 실제적인, 검소한	분석적인, 지적인, 호기심 많은, 학구적인, 꼼꼼한, 정확한, 비판적인, 신중한, 합리적인, 나서지 않는, 소극적인, 인기가 없는	상상력이 풍부한, 직관적인, 독창적인, 감수성이 강한, 까다로운, 감정적인, 관념적인, 복잡한, 순응하지 않는, 개방적인, 충동적인
직업활동 선호	분명하고, 질서 정연하며, 체계적인 대상·연장·기계·동물의 조작을 주로 하는 활동이나	관찰적·상징적·체계적이며, 물리적·생물학적·문화적 현상의 창조적인 탐구를 수반하는 활동	예술적 창조와 표현, 변화와 다양성을 좋아하고, 틀에 박힌 것을 싫어한다. 모호하고 자유

제시되어 있다. 물론 자신에 관한 가장 신뢰할 만한 정보는 직접 검사를 받아보아야 알 수 있겠지만, 여기서는 매우 초보적인 자기 이해 자료로 활용하기 위하여 이 표를 이용하기로 한다.

S : 사회형 (Social)	E : 기업형 (Enterprising)	C : 관습형 (Conventional)
사람을 좋아하고, 어울리기 좋아하며, 친절하고, 이해심이 많다. 남을 잘 도와주고, 봉사적이며, 감성적이고, 이상주의적이다.	지배적이고, 통솔력과 지도력이 있으며, 말을 잘하고, 설득력이 뛰어나다. 경제적이고, 야심적이며, 외향적이고, 낙관적이고, 열성적이다.	정확하고, 빈틈이 없고, 조심성이 있으며, 세밀하고, 계획성이 있다. 변화를 좋아하지 않으며, 완고하고, 책임감이 강하다.
이해심이 있는, 친절한, 우호적인, 사회성이 있는, 외향적인, 관대한, 따뜻한, 재치 있는, 도움을 주는, 협동적인	외향적인, 지배적인, 열성적인, 설득적인, 지도력이 있는, 획득하려고 하는, 모험심이 있는, 과시적인, 쾌락추구의, 말을 잘하는, 야심 있는, 활기찬, 자신감 있는	보수적인, 관습적인, 절제된, 적응적인, 순응적인, 방어적인, 실천적인, 유순한, 사무적인, 능률적인, 검소한, 질서정연한, 상상력이 없는, 방법적인
타인의 문제를 듣고, 이해하고, 도와주고, 치료해주고, 봉사하는 활동에 흥미를 보이지만, 기계, 도구, 물질과 함께 하는	조직의 목적과 경제적 이익을 얻기 위해 타인을 선도, 계획, 통제, 관리하는 일과 그 결과로 위신, 인정, 권위를 얻는	정해진 원칙과 계획에 따라 자료를 기록, 정리, 조직하는 일을 좋아하고, 체계적인 작업환경에서 사무적·계산적 능력을 발

	R : 실재형 (Realistic)	I : 탐구형 (Investigative)	A : 예술형 (Artistic)
직업활동 선호	신체적 기술을 좋아하고, 교육적·치료적 활동은 좋아하지 않는다.	에 흥미를 보이지만, 사회적이고 반복적인 활동에는 관심이 부족하다.	롭고, 상징적인 활동을 좋아하지만, 명쾌하고, 체계적이고, 구조화된 활동에는 흥미가 없다.
적성 유능감	1. 기계적·운동적인 능력은 있으나, 대인관계 능력은 부족하다. 2. 수공, 농공, 전기, 기술적 능력은 있으나, 교육적 능력은 부족하다.	1. 학구적·지적인 자부심을 가지고 있으며, 수학적·과학적인 능력은 높으나, 지도력이나 설득력은 부족하다. 2. 연구능력이 높음	1. 미술적·음악적 능력은 있으나, 사무적 기술은 부족하다. 2. 상징적·자유적·비체계적 능력은 있으나, 체계적·순서적인 능력은 부족하다.
가치	특기, 기술, 기능, 전문성, 유능, 생산성	탐구, 지식, 학문, 지혜, 합리성	예술, 창의성, 재능, 변화, 자유, 개성
생의 목표	기계나 장치의 발견과 기술사, 전문인, 뛰어난 운동선수	사물이나 현상의 발견과 과학에 대한 이론적 기여	예술계의 유명인, 독창적인 작품 활동
대표직업	기술자, 자동기계 및 항공기 조종사, 정비사, 농부, 엔지니어, 전기 기계기사, 운동선수	과학자, 생물학자, 화학자, 물리학자, 인류학자, 지질학자, 의료기술사, 의사	예술가, 작곡가, 음악가, 무대감독, 작가, 배우, 소설가, 미술가, 무용가, 디자이너

S : 사회형 (Social)	E : 기업형 (Enterprising)	C : 관습형 (Conventional)
명쾌하고, 질서정연하고, 체계적인 활동에는 흥미가 없다.	활동을 좋아하지만, 관찰적·상징적·체계적 활동에는 흥미가 없다.	휘하는 활동을 좋아한다. 창의적·자율적이거나 모험적·비체계적인 활동은 매우 혼란을 느낀다.
1. 사회적·교육적 지도력과 대인관계능력은 있으나, 기술적·과학적인 능력은 부족하다. 2. 기계적·체계적 능력이 부족하다.	1. 적극적이고, 사회적이고, 지도력과 언어 능력은 있으나, 과학적인 능력은 부족하다. 2. 대인간 설득 능력은 있으나, 체계적 능력은 부족하다.	1. 사무적이며, 계산적이고, 회계정리 능력은 있지만, 예술적·상징적인 능력은 부족하다. 2. 체계성, 정확성은 있으나, 탐구적·독창적 능력은 부족하다.
사랑, 평등, 헌신, 인간존중, 공익, 용서, 봉사	권력, 야망, 명예, 모험, 자유, 보상	능률, 체계, 안전, 안정
타인을 돕고, 희생, 존경받는 스승, 치료전문가	사회의 영향력 있는 지도자, 금융·상업 분야의 전문가	금융·회계 전문가, 사무행정 전문가
사회복지사, 교육자, 간호사, 유치원 교사, 종교지도자, 상담가, 임상치료사, 언어치료사	기업경영인, 정치가, 판사, 영업사원, 상품구매인, 보험회사원, 판매원, 관리자, 연출가	공인회계사, 경제분석가, 은행원, 세무사, 경리사원, 컴퓨터프로그래머, 감사원, 안전관리사, 사서, 법무사

일단 홀랜드 진로탐색검사를 통해 자신의 고유한 직업 선호유형에 대한 정보를 알고 있다고 가정하고, 다음 이야기를 계속 진행하기로 하자. 홀랜드의 '리아섹(RIASEC)' 코드는 다이아몬드 모양이다. 우리는 이 홀랜드 코드를, 다이아몬드처럼 생긴 레스토랑이 있는데, 거기에는 여섯 개의 모서리마다 테이블이 마련되어 있고, 각 테이블에는 서로 취향이 비슷한 사람끼리 앉아 있다고 가정하자. 오늘 저녁 각기 다른 동호인의 모임이 있는 여섯 개의 테이블을 다니며 당신이 어떤 자리에 앉는 것이 가장 즐겁고 유쾌한 시간을 보낼 수 있을지 생각해보라.

먼저 당신이 가장 오랜 시간 어울려 지내고 싶은 사람들이 앉아 있는 테이블이 어느 쪽에 있는지 찾아내 그곳으로 가라. 그 테이블의 이름은 R, I, A, S, E, C 중에서 어떤 것인가? 당신이 가장 앉고 싶은 테이블의 이름을 약자로 써라.

두 번째로, 그 테이블에 있던 동호인들이 다른 일정이 있어 다음 약속 장소로 떠나버렸다. 이제 당신은 다섯 개 테이블에 앉아 있는 다른 동호인 클럽 중에서 어떤 자리

로 옮겨가야 한다. 이번에는 어느 테이블이 당신의 관심과 호기심을 가장 많이 끄는가? 역시 여섯 가지 코드 중에서 하나를 골라서 그 테이블의 이름을 약자로 적어라.

세 번째로, 이들 동호인 클럽의 회원들 역시 다른 스케줄이 있다고 자리를 떠버렸다. 당신은 다시 혼자 남았다. 이번에는 어디로 가고 싶은가? 남은 테이블 네 개 가운데 가장 가고 싶은 테이블이 있는가? 만일 더 없다면 그대로 멈춰 서라. 그러나 만일 있다면 지금 바로 그들이 있는 동호인 클럽으로 이동하라. 그리고 그 테이블의 이름을 역시 약자로 써라.

이제 앞에서 고른 두 가지 또는 세 가지 약자를 순서대

로 열거하여 조합하면 당신의 고유한 직업선호유형이 드
러난다.

예를 들어 당신이 선택한 코드 세 개가 'SEA'라면, 이
는 누군가를 돕거나 가르치고 봉사하기 좋아하고(S), 설
득하거나 조직하고 영향력을 행사하는 것을 좋아하며(E),
상상력이나 창의력을 활용해 일하는 것을 좋아하는(A) 유
형의 직업에서 자신의 소질이나 재능을 더 잘 발휘할 수
있다는 의미가 된다. 만일 이와 관련한 직업을 선택한다
면 그것은 당신에게 최선의 직업이 될 조건을 고루 갖추
고 있는 셈이다.

마지막으로 한 가지 유념해야 할 사실은 적성과 진로는
가정환경, 신체조건, 경제력, 관심분야 등에 따라 검사 결
과와 다르게 해석될 수도 있다는 점이다. 사람들은 짧은
시간에 한 번 검사한 것으로 자신의 적성과 진로를 족집
게처럼 선택해주길 바라지만, 진로적성검사의 결과는 마
치 사진처럼 자신의 적성에 대한 개략적인 특성을 보여줄
뿐임을 잊지 말아야 한다. 결국 자신을 이해하는 데 더 많
은 시간과 노력을 투자하는 것이 자기발견과 자기계발을
위한 최선의 방법이다.

꽃은 저마다 피는 시기가 다르다

　아름다운 다비드상을 조각한 미켈란젤로에게 어떻게 그런 훌륭한 작품을 만들어낼 수 있었느냐고 물었다. 그가 대답했다. "그 형상이 처음부터 화강암 속에 있었다. 나는 필요 없는 부분만 깎아냈을 뿐이다."

　사계절 피는 꽃은 저마다 피는 시기가 다르다. 봄에 피는 꽃도 아름답지만, 겨울에 피는 꽃도 참 아름답다. 우리도 살아가면서 저마다 다른 시점에서 꽃을 피운다. 조금 이르고 늦고의 차이가 있을 뿐이다. 재능은 살면서 인위적으로 만드는 것이 아니다. 처음부터 있었던 것을 찾아내는 것일 뿐이다. 그리고 살아가면서 불필요한 부분을 깎아내어 자기만의 독특한 삶의 형태로 재탄생시키는 것이다.

　우리는 지금까지 이 책에서 재능의 나무에서 강점의 꽃을 피우기 위해 적잖은 수고를 아끼지 않았다. 그렇게 한 이유는 이제까지 어떻게 살아왔건 상관없이 지금부터는 뭔가 하고 싶어서 신명이 나는 일에 자신을 내던지고 그로부터 얻을 수 있는 유형·무형의 가치를 창출하며 살기 위해서다. 자신을 미치게 할 만한 일을 찾는 것, 아니 거기에 이르지는 못하더라도 가슴을 뛰게 하고 마음을 설레게 하는 일을 찾아내어 자신의 모든 것을 바쳐 열정적인 삶을 살기 위해서다.

자신의 삶에서 생명력을 상실하는 사람은 대부분 자신이 무엇을 할 수 있는 사람인지 잘 알지 못했기 때문에 그렇게 된다. 이제 다시 자신에게 물어보라. 너는 무엇을 하고 싶으냐고. 무엇에다 네 인생을 모두 걸고 싶으냐고……. 간절하고 절박하게 물어보라.

그대는 그것을 찾았는가? 찾았다면 다음 장으로 여행을 계속하자. 그러나 유감스럽게도 아직 찾지 못했다면 다음 단계로 출발하지 말자. 차라리 왔던 길로 되돌아가자. 화강암 속에 있는 그대만의 다비드상이 보일 때까지 자신을 찾고 자신의 매력과 강점을 발견하는 과업에 한 번만 더 시간과 노력을 투자하자. 투자한 만큼의 수익이 그대 삶의 미래를 환하게 밝혀줄 것이기 때문이다.

눈물이 나도록 슬퍼지고 자신이 미워질 때까지 치열하게 자신과 만나보라. 자기 안에 있는 것을 다 뒤져서 끄집어내어 보라. 다른 사람이 도와주기를 기대하지 마라. 그 일은 오직 자신만이 할 수 있을 뿐, 어느 누구도 대신 할 수 없는 일이다. 자기 안에 있는 것을 꺼내어 윤기를 내는 데는 시간이 상당히 필요하다. 결코 하루아침에 얻을 수

172

있는 일이 아니다. 그때까지는 인내와 끈기가 필요하다.

꽃은 때가 되어야 피는 법이다. 가슴 안에 있는 참을 수 없는 열망이 마침내 터져버리면 꽃으로 피는 것이다. 그대 안에 있는 재능의 나무에서 아름다운 강점의 꽃이 피게 하기 위해 참을성을 벗삼아 내면세계로 탐험을 떠나보자. 그리하여 인고의 노력 끝에 마침내 찾아냈거든 그대 삶의 폴라리스를 찾아 떠나는 여행에 동참하자.

4장

삶의 폴라리스를 찾아서

 인생의 가치

어떤 축구선수가 있었다. 그는 기량과 매너가 뛰어난데다 외모까지 준수해 많은 팬들의 사랑을 받았다. 그의 인터넷 팬 카페는 늘 최고의 접속률을 보였다. 그의 인기는 식을 줄 몰랐다. 그러던 어느 날, 그는 경기 도중 상대팀 선수의 깊은 태클에 걸려 그라운드에 쓰러졌다. 병원으로

후송된 그에게 의사는 우측 대퇴부골절이라는 진단을 내렸다. 그것은 축구선수로서는 생명이 끝났음을 알리는 청천벽력 같은 말이었다.

그 소식을 전해들은 팬들의 절망감은 이만저만이 아니었다. 특히 여성 팬들의 상실감은 상상을 초월할 정도로 컸다. 그러나 그 누구보다 가슴을 치며 통곡한 사람이 있었다. 그는 다름 아닌 축구선수 자신이었다. 그는 깊은 좌절감에 빠져 헤어나지 못했다.

'내 축구 인생을 여기서 이렇게 끝내야 한단 말인가!'

그는 유럽 무대에 진출하여 세계 최고 선수가 되겠다던 평생의 꿈이 일순간에 무너져 내리는 참담함을 맛보아야 했다. 하지만 그는 거기서 무너지고 싶지 않았다. 어떻게 해서든 그가 그토록 사랑하는 축구를 계속하고 싶었다. 그리하여 그는 선수로서 운동장에 나가 뛰지는 못해도 축구를 계속할 수 있는 방법이 없을까 궁리에 궁리를 거듭했다.

그는 무엇보다도 먼저 마음의 평화를 찾는 것이 중요하다고 생각했다. 우선 자신이 품고 있던 울분과 분노를 날려버리고, 자신의 축구 인생을 망가뜨린 상대팀 선수를 용서하기로 마음먹었다. 그리고 몇 년의 시간이 조용히 흘렀다. 이미 팬들의 기억에서 그의 이름도 사라졌다.

그런데 어느 날 그가 다시 그라운드에 모습을 드러냈다. 비록 선수로 뛰는 것은 아니었지만, 유소년 축구클럽을 개설해 축구 꿈나무 지도자로 변신하여 다시 운동장에 돌아온 것이다. 그는 '용서와 사랑 그리고 봉사'라는 세 가지 덕목을 삶의 가장 소중한 가치로 여기고, 현역 선수 시절보다 더 뜨거운 열정을 발휘하여 축구 발전에 크게 기여했다. 그는 지금 그 누구보다도 치열한 삶을 살며 여전히 축구에 혼을 불태우고 있다.

그대 삶의 소중한 가치는 무엇인가

우리가 살아가면서 반드시 해야 할 일은 자신의 삶의 가치를 정립하는 것이다. 이때 어떤 덕목을 가장 소중한 가치로 삼을 것인가는 전적으로 자신의 역량과 열정을 고려하여 결정할 일이다. 예를 들어 앞에서 언급한 축구 선수처럼 용서·사랑·봉사라는 세 가지 덕목을 가장 소중한 인생의 가치로 삼을 수도 있다. 나는 사랑·신뢰·봉사를 삶의 3대 가치로 삼고서 살아가고 있다. 이들 가치는 내 인생의 사명에 그대로 담겨 있다.

‘인생의 가치’를 찾기 위해서는 꾸준히 내적 자아를 탐색하면서 자신에게 가장 소중한 것이 무엇인지 발견하려고 진지하게 노력해야 한다. 이제 당신에게 가장 소중한 가치가 무엇인지 탐색해보라. 만일 그 가치를 발견하는 일이 수월하지 않거든, 다음에 제시하는 ‘소중한 가치’ 중에서 찾아내도 좋다. 그러나 그것은 어디까지나 자신에게 가장 소중한 것이어야 한다.

◆ 소중한 가치

■ 감사 ■ 개성 ■ 건강 ■ 겸손 ■ 공헌 ■ 관용 ■ 권력 ■ 근면 ■ 기여
■ 꿈 ■ 노력 ■ 능력 ■ 도움 ■ 명예 ■ 모험 ■ 미소 ■ 배려 ■ 베풂
■ 변화 ■ 봉사 ■ 사랑 ■ 성실 ■ 신념 ■ 신앙 ■ 안정 ■ 야망 ■ 양보
■ 열정 ■ 용기 ■ 용서 ■ 우정 ■ 유머 ■ 인내 ■ 자비 ■ 자유 ■ 절약
■ 절제 ■ 정의 ■ 정직 ■ 존경 ■ 중용 ■ 지혜 ■ 책임 ■ 친절 ■ 칭찬
■ 탐험 ■ 평등 ■ 행복 ■ 헌신 ■ 화목 ■ 희망 ■ 희생

여기에 제시한 것은 단지 몇 가지 예에 지나지 않는다. 이것 외에도 개인에 따라 얼마든지 다양한 삶의 가치가 있을 것이다. 그것이 무엇이 되었든 자신이 가장 소중하다고 생각하는 것을 뽑아내는 것이 중요하다. 일단 가치 리스트를 만들었으면 그 다음에 수행할 과제가 있다. 바로 가치의 우선순위를 결정하는 문제다.

타이타닉 호에서 생긴 일

지금부터 한 가지 실습을 해보자. 먼저 메모할 수 있는 조그만 쪽지를 석 장 준비하라. 그런 다음 당신의 소중한 가치 가운데 중요하다고 생각하는 것 세 가지를 선택하라. 그리고 준비한 쪽지 한 장에 한 가지씩 당신의 소중한 가치를 적어넣어라. 다 적었으면 이번에는 각 쪽지를 두 번씩 접어 손으로 가만히 쥐고 있어라.

영화 〈타이타닉〉을 보았을 것이다. 만일 보지 않았더라도 영화의 줄거리는 어느 정도 알고 있을 것이다. 지금 당신이 리어나도 디캐프리오나 케이트 윈슬렛이 되어 그 배에 타고 있다고 하자.

당신은 세계 최고의 호화 유람선에서 환상적인 시간을 보내고 있다. 당신이 저녁 파티에서 흥겹게 춤을 추고 있는데 갑자기 배가 기우뚱하는 느낌을 받았다. 그러나 당신을 포함하여 어느 누구도 30분 후에 배에 무슨 일이 일어날지 전혀 눈치채지 못한 채 파티는 점점 무르익어간다.

이윽고 배가 거대한 빙산에 부딪혀 침몰하고 있다는 소식이 배 안에 전해지면서 파티장은 순식간에 아수라장으로 변한다. 벌써 배 안으로 물이 들어오기 시작한다. 당신은 다급히 선장에게 달려간다.

"빨리 구명보트를 주십시오."

"구명보트를 타려면 당신이 손에 쥐고 있는 가치 가운데 하나를 포기하지 않으면 안 됩니다. 그럴 수 있겠습니까?"

이러한 상황에서 당신은 어떻게 하겠는가? 탈출하기 위해서는 어쩔 수 없이 하나를 포기해야 하지 않겠는가? 그렇다면 지금 들고 있는 석 장의 쪽지를 하나씩 조심스럽게 열어보고 그중 하나를 손에서 내려놓아라. 이제 당신의 손에는 쪽지가 두 장 남아 있다.

그 사이에 시간이 10분이나 흘렀다. 물은 벌써 당신의 가슴까지 차오르고 있다. 빨리 구명보트를 타고 탈출하지 않으면 생명이 위태롭게 될 것이다. 그런데 선장은 여전히 보트를 줄 생각은 하지 않고 다시 황당한 제안을 한다.

"사람이 너무 많아 보트가 부족합니다. 죄송하지만 구명보트를 먼저 타시려면 그 손에 있는 쪽지 중에서 하나를 더 버리셔야만 합니다."

이제는 더 머뭇거리고 있을 여유가 없다. 물은 점점 목까지 차올라오고 지금 당장 탈출하지 않으면 배 안에서 꼼짝없이 익사하는 수밖에 없다. 어떻게 하겠는가? 얼른 하나를 포기해야 하지 않겠는가? 물론 매우 고통스러울 것이다. 하지만 우선 목숨을 구하기 위해서는 다른 방법이 없다. 그렇다면 손 안의 쪽지 두 장를 펼쳐보고 그중 하나를 버려라.

그렇게 하여 당신은 극적으로 탈출에 성공했다. 먼발치에서 점점 바다 속으로 가라앉는 배를 바라보며 당신은 마지막 순간까지 결코 포기할 수 없었던 가치가 무엇이었는지 확인하고 싶어 손에 쥐고 있던 쪽지를 펼쳐본다. 당신이 생명처럼 소중하게 지니고 있던 가치는 무엇인가? 그것은 목숨이 위급한 상황에서도 결코 포기하지 않았던 귀중한 가치다. 이제 당신이 왜 그토록 끝까지 그 가치만큼은 지니게 되었는지 그 이유를 진지하게 생각해보라. 그리고 메모할 수 있는 대로 그 이유를 적어보라.

물론 이상의 실습은 어디까지나 가상의 시나리오다. 그러나 삶의 중요한 순간에 한 가지만 선택하지 않으면 안 되는 상황에서 우리는 타이타닉 호에서의 선택과 같은 결정을 해야 한다. 결국 마지막 순간까지 당신이 간직하고 있던 가치는 현재 당신에게 우선순위가 가장 높은 가치이자 삶에서 많은 시간과 에너지를 할애해야 할 고귀한 가치다.

그렇다고 해서 타이타닉 호에서 마지막까지 손에 쥐고 있던 가치가 남은 일생 동안에도 반드시 가장 중요한 가치가 되어야 하는 것은 아니다. 왜냐하면 인생은 항상 변화하게 마련이며, 10년 전에 가장 중요하게 여겼던 가치가 지금은 우선순위에서 밀려났을 수 있듯이, 지금 가장 중요하게 생각하는 가치가 10년 후에는 그렇지 않을 수도 있기 때문이다.

그러므로 조금 전에 포기한 가치를 영영 버리면 안 된다. 당신은 그 가치가 적혀 있는 쪽지를 다시 거둬들여 소중하게 간직해야 한다. 왜냐하면 10년 후에 다시 가상의 타이타닉 호에서 똑같은 선택을 해야 하는 상황이 왔을 때, 당신의 선택은 어떻게 달라질지 알 수 없기 때문이다.

그대여, 어디로 가고 싶은가

어린이가 좋아하는 동화 《이상한 나라의 앨리스》에서 앨리스는 고양이를 만나 길을 묻는다.

"어느 쪽으로 가야 할지 가르쳐주세요."

"그것은 네가 어디로 가고 싶으냐에 따라 다르지."

"어디든 상관없어요."

"그럼 어느 쪽으로 가야 할지도 중요하지 않겠네."

어느 곳으로든 모두 통하는 길은 결국 아무 곳으로도 통하지 않는다. 그런데도 간혹 자신이 진정으로 가고 싶은 길이 어디인지 진지하게 생각해보지 않고 무작정 길을 나서는 사람이 의외로 많다. 그들은 이렇게 말한다.

"난 미래에 대해 복잡하게 생각하는 게 싫어. 미래가 어떻게 될지는 아무도 모르는 것 아니겠어? 그럴 바에야 차라리 현실에 충실하며 사는 것이 낫지. 나는 세상 흘러가는 대로 편하게 살 거야!"

물론 현실에 충실해야 한다는 것은 백 번 지당한 말이다. 현실을 무시하거나 현실과 동떨어진 삶을 사는 것은 바람직하지 않다. 그러나 현실에 충실하기 이전에 먼저 해야 할 일이 있다. 그것은 자신이 가야 할 인생의 방향을 분명히 정해놓아야 한다는 것이다. 그렇지 않으면 천신만고 끝에 도착한 지점이 자신이 원하던 길이 아닐 수도 있기 때문이다.

게다가 세상 흐르는 대로 살겠다는 것은 위험이 매우 큰 선택이다. 왜냐하면 세상 물결 따라 흘러가는 대로 삶을 산 사람이 결국 당도한 곳은 대부분 진흙탕 같은 전혀 원하지 않던 삶이었기 때문이다.

흘러가는 물에 죽은 물고기를 집어넣으면 물결이 흘러

가는 대로 물고기도 흘러 내려간다. 그러나 살아 있는 물고기를 넣으면 절대로 물결 따라 흘러가지 않는다. 때로는 옆으로 가기도 하고, 때로는 위로 거슬러 올라가기도 하면서 자신이 원하는 방향으로 헤엄쳐간다.

세상이 흘러가는 것은 물결이 흘러가는 것과 비슷하다. 우리는 그 속에서 각자 원하는 삶의 방향을 찾아 헤엄쳐간다. 때로는 아래로 가기도 하지만, 때로는 옆으로 가기도 하고, 때로는 위로 거슬러 올라가야 할 때도 있다. 자신의 삶을 주도적으로 살아가는 사람은 스스로 방향을 정하고 물결을 헤쳐나간다. 그러나 삶을 주도적으로 살아가지 못하는 사람은 항상 세상의 흐름에 자신을 떠맡긴 채, 물결 따라 흘러가는 죽은 물고기처럼 세상의 물결을 따라 생명력을 상실한 것과 별로 다르지 않은 삶을 살아간다.

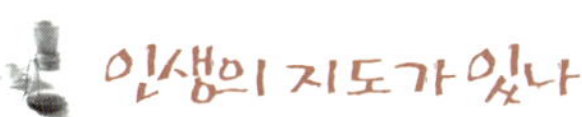
인생의 지도가 있나

우리가 여행을 떠날 때 가장 먼저 하는 일은 목적지를 정하는 것이다. 그런 다음 목적지로 가는 최적의 길을 찾기 위해 지도를 본다. 왜냐하면 지도는 여러 갈래 길 중에서 어느 길로 가야 목적지에 잘 도착할 수 있는지 알려주는 좋은 길잡이기 때문이다. 특히 한 번도 가본 적이 없는 낯설고 먼 곳을 여행할 때는 미리 시간을 내어 충분히 준비하고 계획을 세우는 것이 현명하다. 그렇지 않으면 갑자기 갈림길이 나타났을 때 어떤 길을 선택해야 할지 난감해진다.

삶은 미지의 여정을 따라 여행하는 과정이다. 여행은 다시 돌아올 것을 약속하고 떠나는 것이지만, 삶은 다시 제자리로 돌아갈 기약이 없이 떠나는 여행이다. 여행은 멀리 떠나는 것이지만, 삶의 여정은 깊이 떠나는 것이다. 그리하여 그 여정이 끝나는 순간 얼마나 깊이 있고 성숙

한 삶의 발자취를 남겼느냐에 따라 그 사람의 삶을 평가한다.

하지만 바쁘다는 이유로, 시간이 없다는 핑계로, 자신이 가고 싶은 인생의 목적지도 정하지 않고, 그곳으로 가기 위해 지도도 준비하지 않고서 살아가는 사람이 너무 많다. 인생의 길이 너무 복잡하고 험난하기 때문에 그럴 수도 있겠지만, 좀더 근본적으로는 가고 싶은 인생의 목적지가 어디인지 분명하지 않기 때문에 그럴 수도 있다.

가고 싶은 목적지가 없다는 것은 정처 없이 흘러 다니는 나그네 인생을 사는 것과 같다. 그는 딱히 돌아갈 곳이 없기 때문에 발 닿는 대로 가면 그만이다. 그러나 돌아갈 곳이 있는 사람은 정처 없이 떠돌지 않는다. 그에게는 가려는 목적지가 분명하게 있기 때문이다.

하루 일과가 끝나고 돌아가야 할 곳이 없는 사람의 심정은 어떠할까? 돌아갈 곳이 없는 사람의 속내는 참으로 비참하고 서러울 것이다. 자신이 진정 무슨 일을 해야 할지 모르는 사람도 갈 곳을 몰라 방황하는 사람과 다를 바 없다. 그 일의 목적지가 어디인지 모른 채 그저 안개 속을 헤매듯이 세상이 요구하는 대로 따라가는 사람은 '인생의 하숙생' 같은 삶을 사는 것이다.

갈 곳이 분명한 사람은 그 길을 가는 과정에서 고난과 시련을 많이 겪겠지만, 어떤 일이 있어도 가야 할 곳이 분명히 있기에 그럴 때마다 다시 일어나 꿋꿋이 그 길을 갈 수 있다. 아무리 어려움이 있어도 은근과 끈기로 노력에 노력을 거듭하여 기어이 해낸다.

노력이란 무엇인가? 노력이란 '자신이 마땅히 해야 할 일에 쏟는 정성'이다. 갈 곳이 분명한 사람은 그곳에 당도하려면 마땅히 노력을 쏟아야 한다는 것을 너무나 잘 안다. 그에게 노력은 자신을 위해 들이는 정성인 만큼 기쁜 마음으로 수고를 아끼지 않는다. 그러면서 그는 자신이 원하는 멋진 삶의 여정을 만들어나간다.

그러나 갈 곳이 분명하지 않거나 아예 없는 사람은 조그만 고통과 어려움 앞에서도 쉽게 좌절하고 포기해버린다. 왜냐하면 그에게는 어떤 일이 있어도 도착해야 할 목적지가 정해져 있지 않으므로 굳이 애써 노력해야 할 이유가 없기 때문이다. 그는 조금만 힘든 고비를 만나도 쉽게 물러서고 주저앉는다. 그 결과 삶은 늘 고단하다. 이것이 갈 곳이 어디인지 분명히 아는 사람과 모르는 사람이 살아가는 방식의 차이이다.

인생이 정처 없이 떠도는 나그네의 여정이 되어서는 안

되는 이유가 여기에 있다. 우리가 이 세상에 온 이유는 어디로 가야 할지 몰라 방황하는 방랑자가 되라는 것이 아니다. 천상병 시인의 표현처럼 선구자의 삶을 살다가 '아름다운 이 세상 소풍 끝내는 날' 다시 돌아갈 그곳으로 가서 아름다웠다고 말할 수 있어야 하는 것이다.

 어느 로맨티스트의 시나리오

우리는 누구나 좀더 의미 있는 인생을 살기 원한다. 누구나 자신의 삶에서 특별한 목적을 찾고 싶어하는 것이다. 정말이지 우리가 이 세상에 태어난 것은 다 그만한 이유가 있다. 우리는 나름대로 자신의 고유한 사명을 가지고 태어난 것이다. 그 사명이 무엇인지 깨닫는 순간 우리 삶은 전혀 다른 국면을 맞이하게 된다. 왜 살아야 하는지 알게 되면 어떻게 살아야 하는지는 저절로 알게 되기 때문이다.

《당신의 파라슈트는 어떤 색깔입니까?》(*What Color is Your Parachute?*)에서 한 로맨티스트로 분장한 리처드 볼스는 자신의 상상력을 동원하여 대략 다음과 같은 이야기를 소개한다.

　사람은 재능이 제각기 다르다. 조물주는 왜 사람에게 각기 다른 재능을 주는 것일까? 혹시 우리가 이 세상에 나오기 전에 우리 영혼이 위대한 창조주 앞에서 어떤 사명을 떠맡겠다고 약속한 것은 아닐까? 그래서 창조주와 함께 사명을 한 가지씩 선택했고, 그 사명을 수행하기 위해서는 어떤 능력이 필요한지 알고 계시는 창조주께서 우리를 이 세상에 내보내실 때 그 능력을 함께 선물하신 것이 아닌지. 그렇다면 우리의 사명은 창조주와 우리가 함께 설계하고 동의한 특별한 과제로서의 사명일 것이다.

　그런데 우리는 태어나기 전의 의식에 대한 기억을 잊어버려 우리 사명이 무엇인지도 잊어버린 것은 아닐까? 그래서 우리가 애써 자신의 사명을 찾으려는 이유는 그 잊어버린 기억을 되살리고 싶기 때문인 것은 아닐까? 물론 그렇게 해서 찾아내는 사람도 있고 죽을 때까지 찾아내지 못하고 눈을 감는 사람도 있지만 말이다.

　우리에게는 분명 이 세상을 살아가는 사명이 있다. 그것은 이미 자신 안에 있다. 우리가 해야 할 일은 자신 안에 있는 사명이 무엇인지 발견하는 것이다. 인생의 사명이란 없는 것을 만들어내는 것이 아니라, 있는 것을 찾아내는 것이다. 여기서 사명이라 함은 자신이 하는 일이나 활동에서 기쁨과 행복을 느끼고(필요조건), 세상 사람에게도 기여하고 공헌하는 것(충분조건)을 의미한다.

자신이 하는 일이나 활동에서 재미를 많이 느낀다면 필요조건은 충족하지만, 그것이 세상에 기여하지 못하고 고통을 안겨주는 일이라면 충분조건은 만족하지 못한다. 반면에 정신병동에 있는 환자를 상대로 의료봉사를 하고 있지만 그 일을 하면서 짜증스럽고 싫증이 나 자신이 정신병에 걸릴 상황이라면 충분조건은 만족할지 모르나 필요조건은 충족하지 못한다.

그러므로 타고난 사명이라 함은 '자신이 일을 하면서 스스로 얻는 만족감과 세상 사람이 간절히 고대하는 기대감이 잘 맞아떨어져 자신과 세상이 다 기뻐할 수 있는 것'을 말한다. 그렇다면 지금부터 우리가 해야 할 일은 앞에서 발견한 자신의 재능과 강점을 바탕으로 좋아하고, 하고 싶고, 잘할 수 있는 일을 통해 세상에 하나밖에 없는 나만의 고유한 인생 사명을 탄생시키는 것이다.

달이 되고 싶은 박

어느 초가집 지붕 위에 조그만 박이 열렸다. 박은 밤하

늘에 밝게 떠오르는 달을 바라보며 무럭무럭 자랐고 자기도 크면 달처럼 밝은 빛을 내야겠다고 생각했다.

그러던 어느 날 탐스럽게 자라난 둥근 박은 이상하게도 슬픈 얼굴을 하고 있었다. 그것을 보고 달이 물었다.

"박아, 네 아름다운 얼굴이 오늘따라 왜 그렇게 슬퍼 보이니?"

"나도 너처럼 세상을 환하게 밝혀주는 일을 하고 싶은데, 왜 나에게는 빛이 안 나는 거니?"

"세상에는 누구나 각자 해야 할 일이 있단다. 내가 밤을 밝혀주는 일을 하듯 너도 찾아보면 분명히 너만이 할 수 있는 소중한 일이 있을 거야. 그것을 찾아보렴."

그로부터 며칠이 지났다. 보름달이 점점 기울어 그믐달이 되어가자, 세상은 다시 칠흑 같은 어둠에 휩싸이고 말았다. 박은 깊은 생각에 빠졌다.

'달이 보이지 않으니 달의 존재가 얼마나 소중한지 더더욱 알 수 있겠구나. 내게도 나만이 지니고 있는 소중한 존재 가치가 있을 거야.'

어느 날 다시 보름달이 떠올랐다. 그러나 박이 걸려 있던 초가지붕 위에 박은 보이지 않았다. 달은 박이 어디로 갔는지 궁금했다.

"그 사이에 박이 어디로 가버린 것일까?"

그때 우물가에서 누군가 환한 미소를 지으며 달을 바라보고 있었다. 지난번에 보았던 박이 그릇이 되어 맑은 물을 가득 담고 행복한 표정을 짓고 있었던 것이다.

"그래, 드디어 오직 너만이 할 수 있는 소중한 일을 찾았구나. 진심으로 축하한다."

어느새 보름달은 바가지 속에 내려와 정겹게 담소를 나누었다. 그토록 달이 되고 싶어했던 박은 자신이 세상의 갈증을 풀어줄 수 있는 소중한 존재임을 깨닫고 비로소 행복한 미소를 지었다.

나이 드는 것의 미덕

자신의 존재 가치를 발견하는 것은 삶에서 '제2의 탄생'이라는 의미가 있다. 살아가는 이유를 발견한 사람은 주변 환경이나 나이에 연연하지 않고 오로지 자신의 삶의 목적을 위해 열과 성을 다한다.

미국의 한 의과대학 졸업식장에서 유독 눈에 띄는 한 여성이 있었다. 그녀의 나이는 당시 72세로 누가 봐도 노인의 모습이었다. 그녀를 취재하러 온 한 기자가 이렇게 물었다.

"의과대학에 오시기 전에는 무슨 일을 하셨습니까?"

"저는 65세까지 수녀생활을 했어요. 그런데 제가 있던 수녀원에서는 65세가 되면 반드시 은퇴를 해야 했지요."

"그렇다면 그 연세에 7년이라는 세월을 의사가 되는 일에 바치기로 결심한 특별한 이유라도 있습니까?"

그러자 그녀가 입가에 잔잔한 미소를 띠며 대답했다.

"저는 아직 살아 있어요. 제 인생의 목적은 남을 돌보고 섬기는 것이랍니다. 제가 언제까지 살지는 모르지만 할 수 있는 날까지 그 일을 위해 혼신의 힘을 다하고 싶어요."

인생의 목적이 분명한 사람에게 나이는 문제가 되지 않

는다. 1981년 당시 56세의 나이로 미국 대통령직에서 물러난 지미 카터는 팔순을 바라보는 지금 세계적인 평화주의자이자 박애주의자, 저술가, 교수로서 대통령 재임 시절보다 더 분주한 삶을 살고 있다.

카터는 《나이 드는 것의 미덕》(*The Virtues of Aging*)에서 몇 년 동안 살아왔느냐 하는 문제와는 별개로 자기가 나이가 들었다고 생각하는 순간부터 진짜 나이가 드는 것이라고 말했다. "후회가 꿈을 대신하는 순간부터 인간은 늙기 시작한다"는 그의 명언은 두고두고 가슴에 여운을 남긴다. 그래서 우리가 사는 세상에는 '나이 든 20대'가 있는가 하면, '젊은 70대'가 있는가 보다.

 ## 삶의 폴라리스, 인생 사명서

이제 각자의 삶의 의미와 목적 그리고 인생의 사명을 찾아가야 할 때가 왔다. '벌거벗은 사람에게는 입을 옷을 주고 굶주린 사람에게는 먹을 음식을 주는 것'을 평생의 사명으로 삼고 살았던 마더 테레사처럼, '3억의 인도인에게 자유를 주는 것'을 인생의 사명으로 정하고 실제로 그

렇게 살았던 간디처럼, '사람을 즐겁게 하는 것'을 사명으로 삼아 결국 꿈의 디즈니랜드를 건설한 디즈니처럼, 자신의 존재 이유를 분명하게 해주고 어떻게 살아야 할 것인가 명확하게 밝혀주는 사명서를 만들어라.

《기적의 사명 선언문》에서 저자인 로리 베스 존스는 사명서의 의미를 이렇게 설명했다.

"사람은 누구나 자신의 고유한 사명이 있다. 따라서 자신의 사명을 발견하고 명문화하는 일이야말로 대단한 축복이 아닐 수 없다. 실제로 많은 사람이 자신의 인생 사명서를 가지고 살아간다. 그들은 분명한 자기 삶의 설계도를 가지고 세상을 열정적으로 살아가는 것이다."

그렇다. 우리 삶에는 끊임없이 우리를 흔들어대는 온갖 폭풍우를 이겨낼 수 있게 도와주는 '뿌리 깊은 나무'가 필요하다. 그 뿌리 깊은 나무가 바로 인생 사명서다. 인생 사명서는 마치 삶의 북극성 같은 구실을 한다.

사막에서 길을 잃은 여행자가 폴라리스를 보고 가려는 곳을 찾아가듯이, 인생 사명서는 어떻게 살아야 할지 자신의 삶의 목적을 분명하게 해주는 '삶의 폴라리스'가 된다. 특히 힘들고 괴롭고 어려운 상황에 처했을 때 사명서는 방향을 잃지 않고 가려는 곳으로 안전하게 항해할 수 있도록 도와주는 등대 같은 존재다.

 자기만의 사명서를 만들어라

이제까지 했던 여러 가지 작업은 사명서를 만들기 위한 기초 작업이었다. 왜냐하면 사명서는 자기만의 고유한 것이며 없는 것을 만드는 것이 아니라 있던 것을 발견하는 작업이기 때문이다. 자신에 대해 제대로 알지 못하면 그 어떤 좋은 내용의 사명서도 자기 것이 아니다.

가장 좋은 사명서는 읽을 때 가슴이 뛰고 힘이 생기며 열정이 느껴져야 한다. 공들여 완성한 사명서를 보고도 열정과 힘이 생기지 않는다면 그것은 진솔한 사명서가 아니다. 인생 사명서는 남에게 보여주기 위한 것이 아니므로 화려하거나 거창하기보다는 수수하더라도 생동감과 생명력이 느껴지는 것이어야 한다.

앞에서 정성을 다해 찾아낸 자신의 모든 것을 토대로 그대만의 사명서를 만들어라. 세상에 둘도 없는 오직 하나뿐인 삶의 폴라리스를 가져라. 그것이 우리가 살면서 꼭 챙겨야 할 최고의 자산이다. 어떤 형식이나 어떤 내용에도 구애받지 말고 자신의 스타일에 맞는 자기만의 사명서를 작성하라.

내가 권하는 인생 사명서 작성 절차는 이러하다.

첫째, 자신의 소중한 가치를 발견하라. 이는 타이타닉호에서 한 실습에서 이미 찾아놓은 것들이다. 소중한 가치를 사명서에 어떻게 담을 것인지 심사숙고하라.

둘째, 자신의 전반적인 삶의 모습을 그려보라. 여기에는 미래의 삶에서 추구하고 싶은 것이 포함되어야 한다. 갖고 싶은 것, 하고 싶은 것, 남기고 싶은 것의 리스트를 작성하고 점점 압축해나가는 과정을 거쳐 삶의 비전을 확립하는 것이다.

셋째, 자신의 역할 목록을 작성하라. 우리는 살아가면서 여러 가지 다양하고 소중한 일을 수행한다. 자신, 남편, 아내, 아빠, 엄마, 아들, 딸, 형제, 자매, 직업인, 친구, 동료, 선후배, 고객, 사회인 등 자신과 가정과 직장을 포함하는 다양한 입장에서 꼭 챙겨야 할 소중한 역할을 검토하라.

넷째, 인생 사명서의 초안을 작성하라. 여기까지 사전 준비작업을 다 마쳤으면 인생 사명서의 초안을 만들 단계가 되었다. 사명서는 어떤 격식에도 구애받을 필요가 없이 자신의 스타일에 맞게 창조적으로 만들면 된다.

다만 참고가 될지 몰라 여기에 인생 사명서 작성 사례를 세 가지 소개하기로 한다. 그중에 마음이 끌리는 양식이 있으면 그것을 선택하면 된다. 하지만 자신이 구상하는 그 어떤 양식도 다 가능하다.

다섯째, 계속해서 고치고 다듬어라. 그렇게 해서 만든 사명서 초안은 다소 거칠고 투박해 보일 수도 있다. 초안을 계속 읽으면서 자신이 살고 싶은 미래의 삶의 모습이 얼마나 제대로 담겼는지 지속적으로 수정하고 다듬어 나갈 필요가 있다. 여러 차례 수정을 거듭하다 보면 흡족한 얼굴을 한 사명서가 자기 앞에 모습을 드러낼 것이다.

이 사명서를 가능하면 최대한 예쁘게 편집하여 액자로 만들어 눈에 가장 잘 띄는 곳에 걸어놓으면 된다. 날마다 자신이 직접 만든 사명서를 보며 살아간다는 것은 얼마나 가슴 설레는 일이겠는가!

다시 시간이 흘러 자신의 역할이 바뀌면 사명서의 내용도 수정해야 한다. 미혼자가 결혼을 하여 가정을 꾸리고 아이를 낳게 되면 남편이나 아내, 아빠나 엄마로서의 역할이 추가된다. 직업이나 직장을 바꿔도 직업인으로서의 역할이 바뀔 것이다. 사명서는 영원불변의 철칙이 아니므로 자신의 환경에 가장 잘 어울리도록 필요하면 다듬는 작업을 계속하는 것이 좋다.

사람은 누구나 잘살고 싶어한다. 그러나 어떻게 사는 것이 좀더 행복하고 잘사는 것인지는 잘 알지 못한다. 이때 자신이 살고 싶은 삶의 모습을 글로 써놓고 그것을 매일 점검하며 실천하면 자신의 발전은 말할 것도 없거니와 주변의 모든 소중한 사람과 사회 전체의 행복에도 크게 기여하는 인생을 창조할 수 있다. 이것이 우리가 꼭 사명서를 가지고 살아가야 할 이유이기도 하다.

사명서 작성에 도움을 주기 위해 몇 가지 실제 사례를 소개한다.

사명 선언서

○ 내 사명은

올바르고 성실하게 살아가려는 모든 사람들이 좀더 행복해지도록 도움을 주는 데 있다.

○ 이 사명을 수행하기 위해 나는

1. 정신적·육체적 건강을 항상 유지할 수 있도록 건전한 습관을 유지하고, 나 자신과 남을 소중하게 여기며, 모든 사람에게서 배울 줄 알고, 나 자신을 극복할 줄 알며, 가르침을 통해 하루하루 보람으로 살아가도록 최선을 다하겠다.

2. 내 가정, 직장, 사회에 항상 필요하고 도움을 주는 사람이 되기 위하여 언제 어디서나 내가 해야 할 일을 스스로 찾아 정성과 최선을 다하겠다.

○ 이를 위한 나의 역할은

1. 자식·형제자매 : 나는 부모님께 항상 효도하는 마음으로 주 2회 이상 안부전화를 드리고, 형제·자매에게 도움을 주기 위해 진실한 사랑으로 봉사하겠다.

2. 남편 : 나는 아내를 위해 이해와 사랑과 믿음과 성실함으로 아내의 행복을 위해 정성을 다하겠다.

3. 아버지 : 나는 사랑하는 아이들이 항상 정직하고 올바른 생각과 감사하는 마음으로 목표 있는 행동을 함으로써 가치 있는 인생을 살아가도록 돕겠다.

4. 직장인 : 나는 업무에 애정과 긍지와 충성하는 마음으로 임하며, 창의력과 봉사활동으로 동료들을 돕고 기업의 발전에 기여하며, 직장인으로서 인격 도야에 최선을 다하겠다.

5. 이웃·사회인 : 나는 내가 있음에 웃음이 샘솟고, 기쁨과 행복이 넘치는 이웃과 사회가 되도록 매일 새롭게 선행을 찾아 실천하려고 노력하겠다.

인생 사명서

- 나는 늘 기도하는 사람이 되겠다.

- 나는 내 장점만 보며, 겸손한 사람이 되겠다.

- 나는 가족, 직장, 교회, 사회를 더 사랑하며, 떳떳한 사람이 되겠다.

- 나는 내 영향력권 내에서 최선을 다하며, 나를 이기는 사람이 되겠다.

- 나는 2030년까지 살도록 건강에 주의하며, 늘 몸과 마음을 단련하는 사람이 되겠다.

- 나는 내 분야에서 족적을 남길 수 있도록 성실히 창의성을 발휘하는 사람이 되겠다.

- 나는 다른 사람에게 늘 푸근한 사람이 될 수 있도록 내적 수양을 쌓기 위해 노력하는 사람이 되겠다.

내 사명서

- 긍정적이고, 적극적이며 이웃과 더불어 사는 삶

- 나는 큰 세상을 밝히는 빛이 되겠다.

0. 나는 큰 세상을 밝히는 빛이 되겠다' 를 매일 낭송하며 되새긴다.

1. 내가 아니면 다른 사람이 앉았을 자리임을 기억하고, 교재연 구, 연수를 통하여 학생들 앞에 자신있게 선다.

2. 학생들이 지켜야 할 원칙 '성실' '노력' 을 여러 방법으로 몸에 익히도록 돕는다.
   - 절대 학생들의 태도에 기죽거나 포기하지 않고 바람직한 방법을 모색한다.

3. 매일 남편과 아이들에게 힘을 주는 말을 한 마디 이상 꼭 해준다.

4. 책, 그것은 나의 양식이요, 배경이요, 힘이요, 기쁨이요, 쾌락이 요, 취미요, 특기이며 모든 것이다.
   - 책을 읽고 꼭 남에게 적극적으로 권한다.
   - 학생들과 선생님들과 엄마들에게

5. '동화 읽는 어른모임' 이 기별로 잘 이루어지도록 간접 지원을 아끼지 않는다.
   - 도서목록 추천, 신문 스크랩 복사물 등

6. 건강을 염두에 두고 운동이나 식사를 한다.

7. 목욕탕에 가면 노약자나 임산부 등을 꼭 밀어준다.

8. 주변 사람에게 밝은 낯으로 겸손하게 인사를 잘한다.

9. 존경하는 사람을 만든다.
   - 권정생, 이원수, 이이화, 강우방, 강만길, 유홍준, 한비야, 박대현, 체 게바라, 제인 구달, 다치바나 다카시……

10. '내 사명서' 를 자주 읽고 사명서에 적어두지 않아도 될 정도 로 실천하여 자주 덕목을 바꾼다.

 ## 어느 대학생의 인생 사명서 작성 소감

다음에 소개하는 글은 자신의 인생 사명서를 작성한 한 20대 대학생이 사명서를 완성하고 난 후에 작성 과정에서 느낀 소감을 적은 글이다. 다소 길긴 하지만 이 글의 내용이 사명서 작성에 도움이 될 것 같아 소개한다.

맨 처음 인생 사명서라고 씌어진 인쇄물을 받았을 때 나는 까마득해졌다. '이게 대체 뭐꼬?' 하는 생각만 들 때 교수님께서 그것에 대해 설명하셨다. 인생 사명서는 자신의 '생명을 사용하는 지침서'라고 표현했다. 왠지 그 말에 내가 쥐고 있던 인쇄물이 더 무겁게 느껴졌다. 그곳에는 교수님의 인생 사명이 적혀 있었다.

교수님의 인생 사명서는 매우 간결하면서도 확고한 느낌이 들었다. "내 인생의 목적은 자기 삶을 소중하게 살아가려는 사람들에게 꿈과 행복을 심어주는 것이다"라는 말이 왠지 내게 와 닿았다. 내가 만화를 그렇게 좋아하고, 그리고 싶어하는 이유도 바로 그것이기 때문이었다.

어릴 때 나는 만화를 보면서 세상을 알게 되었고, 꿈을 좇는다는 것의 희열과 즐거움 그리고 행복을 알게 되었다. 그리고 나는 커가면서 세상에 대해 느꼈던 즐거움, 행복, 꿈에 대해서 세상 사람 모두에게 알려주고 싶다고 생각했다. 그래서 내가 어릴 때 받았던 그 느낌처럼, 아니 그 이상으로 세상 사람들에게 나눠주고 싶다고 생각했다. 그렇게 생각하니 사명이라는 것이 의외로 그리 무거운 것이 아니라 생활 속에 녹아 있는, 자신에게 녹아 있는 것이라는 생각이 들었다.

집에 가서 그 인쇄물을 다시 한번 펴보았다. 그리고 연습장에다 생각나는 대로 하나하나 메모하며 내 사명과 비전을 생각하기 시작했다. 그렇게 생각하다 보니 예전에 교수님이 강의시간에 했던 실험이 생각났다. 가상의 타이타닉 호에서 자신이 가장 소중하게 여기는 가치를 세 가지 쓴 다음, 그중 두 가지는 버리고 마지막에 한 가지만 남기는 실험이었다. 그리고 마지막까지 간직한 가치는 무엇 때문에 그렇게 했는지 생각해보라는 내용이었다.

난 그때 '꿈·행복·즐거움'을 썼다. 그리고 결국 '꿈'을 놔둔 채 다른 두 가지는 눈물을 머금고 버렸다. 왜 그랬던 것일까? 나는 그것이 이번 사명서에서 아주 중요한 포인트가 될 것이라고 생각하고 계속 생각해보았다. 나는 왜 '꿈'을 버리지 못했을까?

결국 나는 어느 한 가지 답에 이르렀다. 아마도 나는 '꿈'이 없으면 행복이라든가, 즐거움이라는 것도 없을 것이라고 무의식중에 느꼈던 것 같다. 아무런 의미 없이 매일 즐거움과 행복에 젖어 무감각해지기보다는 꿈이라는 목표를 좇아나아가며 느끼는 즐거움과 행복이 더욱더 값지다는 생각이 들었다.

그래서 나는 사명서에 내 사명과 비전을 다시 한번 적었다. "내 사명은 꿈을 좇으며 즐겁고 행복하게 살아가는 것이고, 또한 그것을 세상 사람이 공유하며 공감할 수 있도록 하는 것이다"라고.

그렇게 사명과 비전을 적고 나니 정말 앞으로 남은 인생의 틀이 무언가 잡히는 것 같아 마음이 든든해졌다. 나는 신이 나서 그 다음 것으로 시선을 옮겼다. 그곳에는 '역할과 목표'라는 것이 떡 버티고 있었다. 일단 사명과 비전을 세우고 나니 역할과 목표는 그다지 어렵지 않아 보였다. 인생의 기준이 잡혔으니, 그것에 맞는 역할과 목표는 자연스럽게 마음속에서, 머릿속에서 나왔다.

내 역할은 참 여러 가지가 있었다. 나 자신으로서 역할, 또 자식으로서의 역할, 형제로서 역할뿐만 아니라, 학생, 친구, 선배, 후배, 미래의 사회인, 만화가로서 역할을 생각하니 그것이 다 내가 해야 할 역할이라는 것에 놀라지 않을 수 없었다. 평소에도 이만큼의 역할을 나도 모르는 사이에 하고 있었던 것이다.

이 얼마나 대단한 일인가! 내가 평소에도 이만큼의 역할을 하고 있었다니! 대략 간추린 역할만 이 정도지 정말 살아가면서 해야 할 내 역할을 하나하나 꼽으면 얼마나 될지 그리고 그게 얼마나 대단한 일일지 가늠이 되지 않았다. 이제까지 내가 세상을 참 간단하게 생각하며 살았구나 하는 생각이 들었다.

그리고 또 한 번 반성을 하게 되었다. 내가 지금까지 이만큼 많은 역할을 맡고 있으면서 하나라도 제대로 하고 있었을까. 그리고 이제야 이만큼 역할을 맡고 있다는 것을 알 정도로 둔감하게 살았던가 하고 말이다. 하지만 반성은 앞으로 나아가기 위해 있는 법, 나는 다시 펜을 들고 연습장에다 그 역할을 메모하기 시작했다.

내 역할과 목표를 다 적자 아까보다 더 내가 가야 할 길이 명확하게 보이는 듯했다. 이만큼 많은 역할을 아무 계획도 없이 해왔다는 것이 한편으로는 부끄럽게 느껴지기도 했다. 하지만 이번에 이렇게 확실히 정리했으니 앞으로는 역할을 더 잘 수행할 것이라고 생각했다. 이만큼 역할을 할 수 있는 나는 세상에서 참 중요한 사람이라는 생각이 들었다. 나는 결코 내 삶을 게으르게 살 수 없는 내 인생의 주연 배우였던 것이다.

며칠 동안 인생 사명서 때문에 고민에 고민을 거듭했다. 물론 과제물이어서도 그랬지만 어쩐지 이 인생 사명서라는 것을 잘못 쓰면 그만큼 내 인생도 어긋날 것 같은 불안감이 있었는지도 모르겠다. 그러나 마침내 다 완성하고 나자 왠지 모를 뿌듯함이 느껴졌다. 내 길의 좌표가 정해지는 순간이었다. 물론 그것이 내 삶이 끝날 때까지 계속될 것일지는 알 수 없을지라도 분명 지금 이 순간 나에게는 훌륭한 등대가 되어줄 것이라고 굳게 믿는다. 이제까지 나는 지도 없이 세상을 살아왔지만, 이제부터는 지도를 가지고 세상을 살아갈 수 있게 되었다. 이것만으로도 얼마나 든든한 일인가!

앞으로 삶에서 나는 내 사명을 다하기 위해 시간을 많이 보낼 것이다. 그리고 그것이 가장 후회하지 않는 삶이 되리라는 생각도 든다. 물론 사명이라는 것도 살면서 변할 수 있는 것이라고 생각한다. 우리가 살면서 언제나 변해가는 것처럼. 하지만 비록 언젠가 변할지 모르는 삶이라 할지라도 지금 나에겐 이 순간, 생전 처음 소중한 사명서가 생기게 되었다는 사실이 매우 중요하다.

언젠가 강의시간에 교수님께서 '자신만의 폴라리스를 가져라'라고 말씀하셨다. 수업을 들을 때는 그것이 무엇을 의미하는지, 그것이 중요한 것인지조차 깨닫지 못했다. 하지만 이 사명서를 쓰는 과정에서 나만의 폴라리스가 있는 것이 얼마나 중요한 것인지 깨닫게 되었다. 인생의 길을 밝혀줄 폴라리스는 아마 내가 절망에 빠지거나 힘들 때도 항상 곁에서 빛을 밝혀줄 것이다. 그리고 그것이 사명이라는 것도 알게 되었다.

나는 이렇게 해서 사명서를 완성했다. 비록 지금까지는 명확한 방향이 없이 살아왔지만 지금부터라도 늦지 않았다고 생각한다. 지금 이렇게 나만의 사명서가 완성된 이상, 나는 이 사명을 항상 마음속에 간직하며 살아가려고 한다. 아니 지니기만 하는 것이 아니라 나만의 폴라리스를 보며 삶을 살아갈 것이다.

그 폴라리스를 보며 나아가면 앞으로 살아가면서 폭풍우를 만나 크게 흔들린다 해도 분명 나는 길을 잃지 않을 것이다. 내게는 그런 자신감이 있다. 그리고 사명을 따라 살면 후회하지 않는, 나에게 중요한 것이 남는, 그리고 남에게도 그것을 나눠줄 수 있는 삶이 되리라고 믿는다. 사명서를 통해 나는 다시 태어났다. 나의 제2의 탄생을 자축해본다.

직업 사명서를 작성하라

지금 하는 일이나 앞으로 하고 싶은 일에서 특별한 목적을 찾고 싶어하는 것이 모든 직업인의 희망이다. 그렇다면 그러한 자신의 소망을 담아 '직업 사명서'를 만들어볼 필요가 있다. 나는 직업인으로서 다음과 같은 사명이 있다.

내 직업 사명서

- **사명** : 배우고 익힌 지적 자산을 소중한 이들과 함께 나누며 세상의 행복증진에 기여한다.

- **비전** : 나는 강의 · 저술 · 상담 · 컨설팅 분야에서 최고의 멘토이자 동기부여가이다.

- **활동영역**

  - **강의** : 국내 최정상급의 강의 서비스를 개발하고 제공한다.

  - **저술** : 좋은 글을 써서 동기를 부여하고 꿈을 공유한다.

  - **상담** : 삶에 어려움을 겪고 있는 이들에게 희망의 메신저가 된다.

  - **컨설팅** : 자기관리 · 자기계발 전문가로서 가치 있는 자문을 한다.

지금 하는 일은 무엇인가? 그 일은 하고 싶어서 하는 일인가? 그 일에서 정신적 · 물질적으로 얻는 것은 무엇인가? 그 일은 자신에게 얼마만큼의 만족감을 주는가? 그 일을 하면서 부족하다고 느끼는 것은 무엇인가? 그 일을 언제까지 하고 싶은가? 10년 후에 가장 원하는 일은 무엇인가? 죽기 전에 꼭 하고 싶은 일은 무엇인가? 지금의 일과 10년 후 일은 어느 정도 일치하는가? 만일 갭이 있다면 어떻게 해서 그 갭을 해소할 계획인가?

인생의 사명을 일을 통해 어떻게 실현하고 싶은가? 무슨 일을 해서 행복을 느끼고 세상에 기여하겠는가? 그 일에 임하는 원칙은 무엇인가? 그 일에서 끊임없이 쇄신하고 특화하기 위한 전략은 무엇인가? 이 모든 물음에 답하면서 자신의 직업 사명서를 완성하라.

 꿈이 없는 직장인

삶은 전쟁이다. 그런데 전장에 나가는 사람은 누구를 위해서 그러는 것일까? 전투하는 사람은 누구이고, 전리품을 챙기는 사람은 누구일까? 피비린내 나는 전쟁터에서 죽어라고 싸워서 얻는 것은 무엇일까? 만일 그것이 돈 몇 푼을 얻기 위해 청춘과 열정을 희생하는 일이라면, 도대체 나는 나를 위해서 산 것일까, 남을 위해서 산 것일까?

삶이 전쟁일지라도 자기가 그 전쟁의 희생자가 되지 않기 위해서는 총알이 빗발치는 전선에서도 기필코 살아 돌아가 만나고 싶은 아름다운 꿈이 있어야 한다. 꼭 이루고 싶은 소중한 꿈이 있어야 하는 것이다. 그것도 남의 꿈이 아니라 자신의 꿈이. 그 꿈이 있어야 전쟁터에서 쓰러지지 않고 마음의 평화와 위안을 얻을 수 있는 것이다.

직장생활을 쉽게 때려치우는 사람들, 그들은 부러워해야 할 대상이 절대 될 수 없는 사람들이다. 단지 객기를 부리고 있을 뿐, 대책 없이 사는 사람의 전형이다. 그렇게 쉽사리 때려치운다는 것은 꿈이 없다는 반증이다. 꿈이 없으니까 조금만 어려워도 금방 집어치우고, 그냥 살기에는 남들의 이목도 있고 먹고살기도 팍팍하니까 또 딴 데를 기웃거린다.

그러다가 운 좋게 한 군데 걸리면 몇 달 버티다가 힘들어 또 때려치우고 다른 먹잇감을 찾아 여기저기 배회한다. 그들은 그렇게 꿈이 없기 때문에 인생을 낭비하며 살아간다.

역설적일지 몰라도 꿈이 있으면 삶이 더욱 힘들어지는 법이다. 왜냐하면 어떤 일에 꿈이 생기면 적어도 그 분야에서는 보통 이상의 수준까지는 가야 하고, 그렇게 하려면 전문성을 확보하기 위하여 남들보다 더 노력해야 하기 때문이다.

꿈꾼다고 해서 다 이루어지는 것은 아니다. 남다른 노력과 제법 많은 시간을 투자해야 하는 것이다. 그것이 두려운 나머지 사람들은 꿈을 꾸려고 하지 않는다. 그 결과 매일 누구나 할 수 있는 고만고만한 수준에서 주변을 뱅뱅 맴돌며 막연한 두려움에 떨며 산다. 그러면서도 한심하고 게으른 자신을 나무라기보다는 세상을 탓하고, 남을 탓하며 어둡고 칙칙하게 살아간다.

 왜 꿈이 없는 걸까?

꿈이 없다고 말하는 이들이 많다. 자신의 꿈이 무엇인지 모르겠다고 고개를 떨구는 사람들이 많다. 그들은 왜 꿈이 없는 것일까? 왜 자신의 꿈이 무엇인지 모르는 것일까?

하지만 곰곰이 생각해보면 이것은 어쩌면 당연한 현상인지 모른다. 그들은 지금까지 살면서 필요한 거의 모든 것을 외부에 있는 누군가에게서 받았기 때문이다.

학교에 가면 선생님이 정해진 교과목을 공부시키고, 숙제를 내주며, 시험을 보게 하여 성적을 평가한다. 똑같은 교실에서 똑같은 공부를 하고 똑같이 시험을 치른다.

212

한쪽에서는 일방적으로 가르치고, 다른 한쪽에서는 일방적으로 배운다. 그것이 학교에서 이루어지는 공부의 전부였다.

가정에서는 부모님이 '이것 먹어라, 저 옷 입어라, 이 학원 다녀라, 저 친구는 만나지 마라, 이것은 해라, 저것은 하지 마라' 하며 일일이 알려주고 훈수했다. 태어나서 20년 이상을 줄곧 그렇게 시키는 대로 따라서 살아온 사람에게 꿈이 없는 것은 너무나 당연한 것인지도 모른다. 왜냐하면 꿈은 공부와 달라서 누가 가르쳐주고 알려주는 것이 아니기 때문이다.

그러다가 직장에 들어가면 하루 종일 업무에 시달린다. 이제 자유롭게 삶다운 삶을 살아보고 싶은 마음은 간절하지만, 직장은 그렇게 한가하게 살아가려는 사람을 반기지 않는다.

당장 때려치우고 싶은 마음이 들어도 먹고사는 문제가 달려 있어서 쉽사리 그만둘 수도 없다. 이래저래 '나인투파이브'의 시간 굴레 속에서 다람쥐 쳇바퀴 돌듯 살다보면 꿈을 꾸는 것은 한가한 사람의 희망사항에 지나지 않는다고 생각한다.

그런데 가만히 생각해보자. 자기 외에 어느 누가 '이 꿈을 꾸어라, 저 꿈은 꾸지 마라' 고 가르쳐줄 수 있는가? 그러나 주입식 학교교육과 사육식 가정교육에 길들여질 대로 길들여진 이들은 자신의 꿈마저 누군가 제공해주기를 은근히 기대한다.

이것이 그들을 환장하게 만든다. 내신등급에 따라, 수학능력시험 점수에 따라 부모와 학교가 골라준 대로 대학에 들어갔듯이, 지금의 직장생활에 걸맞은 꿈이 자동으로 주어졌으면 좋겠다고 바라지만, 누구 한 사람 명쾌한 꿈을 주지 않기 때문이다.

다른 것은 몰라도 꿈만은 절대 밖에서 구할 수 없다. 어떤 일이 있어도 꿈은 오로지 자기 자신만이 찾을 수 있다. 왜냐하면 꿈은 자기 마음속에서만 자라나기 때문이다. 꿈은 눈에 보이는 바깥세상에서 골라잡거나 찾아내는 것이 아니라, 자기 마음속에 꿈의 씨앗이 뿌리를 내리고 싹을 틔우고 열매를 맺게 해야 하기 때문이다.

자기 마음속에는 여러 가지 꿈의 씨앗이 담겨 있다. 그중 어떤 씨앗이 싹을 틔우도록 해야 할지 아는 유일한 사람은 다름 아닌 자기 자신이다. 오로지 자신만이 어떤 씨앗에 물을 주고 거름을 뿌리고 햇볕을 쪼여야 할지 알 수 있다.

그러니 꿈이 없다고 한숨짓는 이들이여! 자신에게 한번

반문해볼 말이 있다. 그대는 단 한 번이라도 자기 품속에 들어 있는 꿈의 씨앗에 관심을 두어본 적이 있는가? 바짝 말라 비틀어져가는 꿈의 씨앗에 물을 주고 빛을 쬐어준 적이 있는가? 온통 눈앞에 보이는 물질적인 욕망을 좇아 영혼마저 빼앗기며 살지는 않았는가?

그대를 애타게 기다리는 내면의 깊은 꿈의 세계에 관심을 보여라. 자신만의 꿈을 찾아 꿈을 키우고 가꾸어 나가라. 늦을 것은 하나도 없다. 어떤 사람은 60이 넘은 나이에 진정한 꿈을 발견하기도 한다.

꿈이야말로 세상을 열정적으로 살아가게 해주는 무한한 생명의 에너지다. 꿈은 우주의 에너지와 끊임없이 교감한다. 그래서 당신이 꿈을 찾으면 곧 우주와 텔레파시가 통하게 된다.

살아 있다는 것은 꿈을 꾸고 있다는 것이다. 꿈이 없다는 것은 곧 영혼이 죽어 있음을 의미한다. 지금 그대의 내면에서 들려오는 영혼의 음성에 귀를 기울여라. 꿈의 씨앗이 조금씩 꿈틀거리며 숨쉬고 있음을 느껴보라. 그리하여 지금부터는 영혼이 담긴 승부를 위하여 그대가 가지고 있는 모든 열정과 역량을 힘껏 불살라라. 훨훨 타올라 세상을 밝게 비추는 그날까지.

꿈에 날개를 달자

　무엇인가 이루어내려면 일단 그 일에 뛰어들어야 한다. 자기가 준비하고 기회를 만들어야 하는 것이다. 일단 뛰어보아야 경기에 이길 수 있고, 일단 요리를 시작해야 훌륭한 요리사가 될 수 있는 법이다. 늘 꿈만 꾸고 도전하지 않는 사람은 결코 기회를 잡을 수 없다. 그러므로 실패를 두려워하지 말고 여러 가지 가능성을 고려하여 실천 가능한 일부터 시작해야 한다.

　꿈이 있다면 지금 그 꿈에 날개를 달아 훨훨 날아다니도록 해야 한다. 이 사실을 인정하면서도 많은 사람이 자

신의 꿈에 날개를 달아주지 못하는 이유는 무엇일까? 그 이유는 크게 볼 때 두 가지다. 첫째는 자신감 결여이고, 둘째는 다른 사람의 부정적이고 냉소적인 태도 때문이다.

그러나 실패를 두려워하여 자신감 없이 머뭇거리기만 한다면 인생에서 우리가 얻을 수 있는 것은 거의 없다. 수영을 배우려는 사람이 물 속에 뛰어들지는 않고 수영장 앞에서 물의 온도나 오염도를 분석하다가는 결코 물 속에 뛰어들 수 없다. 물만 바라보고 있거나 수영하는 사람만 쳐다봐서는 헤엄치는 법을 배울 수 없다. 수영을 배우려면 옷을 훌훌 벗어던지고 물 속으로 첨벙 뛰어들어야 한다. 이것저것 너무 따지고 들다가 언제 수영을 배우겠는가. 어떤 일에 도전하려면 두려움의 옷을 훌훌 벗어던지고 도전의 강물에 첨벙 뛰어들어야 한다.

또한 다른 사람이 자신의 꿈을 갉아먹도록 내버려두어서는 안 된다. 우리가 뭔가 새로 시작하려 할 때 그것이 불가능함을 가장 그럴듯하게 역설하는 사람은 이제까지 한 번도 그 일을 해본 경험이 없는 사람이다. 우리가 무엇인가 삶의 변화를 새롭게 모색하려 할 때 가장 강력하게 반대하는 사람은 매일 밤 안락한 소파에 누워 텔레비전을 유일한 낙으로 삼으며 살아가는 사람이다.

모든 것은 우리가 마음먹기에 달려 있다. 주변을 너무 의식하지 마라. 당신이 할 수 없다고 생각하는 바로 그 일을 지금 이 순간 다른 사람은 행복하게 하고 있다는 사실을 절대로 잊어서는 안 된다.

비전의 힘

내가 이제까지 살아오면서 품었던 열망은 무엇일까? 내 인생에서 가장 하고 싶은 것은 무엇일까? 아직 이루지 못한 내 꿈은 무엇이던가? 올해 꼭 해야 할 소중한 일을 나중으로 미뤄놓은 것은 무엇이지?

나이가 들수록, 젊음이 그리워질수록, 우리는 남아 있는 시간이 참 소중하다는 것을 절절이 느낀다. 그러면서도 막상 어디에서 무엇을 어떻게 해야 할지 몰라 망설인다. "지금 이 나이에 무엇을 새로 시작하겠어!"라고 자조 섞인 말을 하면 남은 생애에서 하고 싶은 일을 정말로 하나도 못하고 생을 마감하게 된다. 그것은 살아 있는 사람으로서는 최악의 비극이 아닐 수 없다.

우리는 하고 싶은 일을 하면서 살려고 이 세상에 태어

났다. 삶의 희망을 포기하는 것이야말로 자신에게 저지르는 치명적인 죄악이다. 그러므로 "이제 이 나이가 되었으니 내가 하고 싶은 일을 절대로 미룰 수는 없다!"고 선언해야 한다. 그리하여 인생 역전을 로또복권의 허상에 기대하지 말고 자기 마음속에서 달아오르게 해야 한다.

이때 꼭 필요한 것이 자신의 분명한 비전이다. 비전은 미래에 대한 막연한 희망이 아니다. 비전은 좀더 선명하고 구체적인 꿈의 모습이다. 꿈을 시각화한 것이 비전인 것이다. 따라서 비전이 분명할수록 그 비전은 반드시 이루어진다. 왜냐하면 비전이란 자신이 진정으로 원하고 반드시 이루려는 인생의 그림이기 때문이다. 비전은 자신이 꼭 이루려는 변화를 가져오는 힘이 있다. 특히 그 비전의 그림이 구체적일수록 실현 가능성은 그만큼 커진다.

여기에 좋은 비전의 실제 사례를 하나 소개한다. 그는 평범하게 시작했지만 놀라운 결과를 가져온 우리 주변의 보통 사람 가운데 한 사람이다.

햇살이 좋던 어느 봄날, 존 고다드는 로스앤젤레스에 있는 자기 집 식탁에서 인생에서 꼭 이루고 싶은 꿈을 노란 종이 위에 적어 내려가기 시작했다. 15세의 혈기 넘치는 소년에게 하고 싶은 일은 너무도 많았다. 이윽고 그는 127가지의 크고 작은 계획을 짰고, 공책 표지에 '내 인생의 계획'이라고 써넣었다.

그의 인생 목표 목록은 실로 다양하고 이채로웠다. 아마존 강 탐사, 비행기 조종술 익히기, 작곡하기, 프랑스어와 아랍어 배우기, 해저세계 탐험하기, 마르코 폴로의 행로를 그대로 밟아보기, 킬리만자로 정복, 영화 출연 등 정말 '꿈'에 지나지 않아 보이는 것에서부터 결혼해서 아기 낳기, 몸무게 80kg 넘지 않기, 아리스토텔레스의 책읽기까지 사소한 것도 많았다.

세월은 덧없이 흐르고 흘러 그의 나이 68세가 되었을 때 그의 127가지 인생 목표는 100가지가 넘게 달성되었다. 그는 이제 매킨리 봉 등정과 달나라 탐험 등만을 남겨두고 있다. 끊임없이 자신의 한계에 도전하고 싶었다는 고다드는 나머지 꿈을 이루기 위해 지금도 노력하고 있다.

비전을 세우려면 먼저 자기 가슴속에서 진정으로 원하는 것이 무엇인지 알아야 한다. 만약 원하는 것이 무엇인지 모르거나 그것이 진정으로 원하는 것인지 확신이 서지 않는다면 다음의 '비전 찾기 게임'을 해보라.

먼저 깨끗한 종이와 예쁜 펜을 준비하라. 그리고 어느 누구의 방해도 받지 않을 조용한 시간과 공간을 확보하라. 생각이 흐르는 대로, 펜이 굴러가는 대로, '자신이 원하는 것 50가지 리스트'를 작성하라.

이때 비전이란 말이 너무 부담스럽거든 그것을 의식하지 말고 그저 하고 싶은 마음이 드는 것을 술술 적어 나가라. 조금 유치하다고 생각되는 것도 상관없다. 마치 실타래를 풀어나가듯 가슴속에 들어 있는 것을 꺼내보라. 50가지가 넘어도 좋다. 생각이 안 나면 50가지가 안 될 수도 있다.

근사한 스포츠카를 갖고 싶다. 아름다운 해변이 있는 환상의 섬으로 여행을 떠나고 싶다. 멋진 사람과 데이트를 즐기고 싶다. 영어를 유창하게 구사하고 싶다. 부장으로 승진하고 싶다. 돈방석에 앉고 싶다. 가수가 되고 싶다. 맛있는 것을 실컷 먹고 싶다. 모든 것 다 잊고 잠이나 실컷 자고 싶다 등 무엇이든 좋다.

우리는 누구나 고다드가 될 수 있다. 굳게 믿어라. 믿음이라는 프로그램이 일단 두뇌에 저장되면 신경계에 거부할 수 없는 강력한 명령을 내린다. 따라서 믿음으로 강화된 행동은 불가능해보이는 것도 가능하게 만드는 엄청난 힘이 있다. 믿음이 강한 단 한 사람의 힘이 그냥 관심만 있는 99명의 힘보다 훨씬 더 강력하다. 그리고 그 주인공이 바로 자기 자신임을 절대 잊지 마라.

  아주 작은 곤충인 '행렬 애벌레'는 이동할 때 반드시 일렬종대로 움직인다고 해서 그런 이름이 붙었다. 행렬 애벌레에 대해 최초로 연구한 사람은 19세기 초 프랑스의 세계적인 곤충학자 파브르였다. 그는 먼저 리더 역할을 하는 벌레를 커다란 화분의 가장자리로 꾀어내 주변을 돌게 했다. 화분 안에는 행렬 애벌레들이 좋아하는 싱싱한 나뭇잎이 가득 담겨 있었다.

  그런데 우두머리가 화분 가장자리를 돌기 시작하자, 2~3분 후에는 모든 행렬 애벌레가 우두머리의 뒤를 쫓아

화분 주변을 빙글빙글 돌았다. 행렬 애벌레들은 추호의 의심도 없이 리더의 뒤를 따라 계속 행군했다. 리더를 따라가면 항상 맛있는 먹을거리를 만났기 때문이다.

그러나 정작 그들의 먹잇감은 바로 옆에 있었다. 이 작은 애벌레들의 행군은 며칠 동안 계속되었다. 결국 탈진과 배고픔을 이기지 못해 애벌레들이 죽어가기 시작했다. 불과 몇 센티미터 옆에 그들이 충분히 먹고도 남을 만큼의 먹이가 있었는데도 그들은 그저 우두머리의 지시대로 움직이다 굶주려 죽어갔다.

자신이 지금 가고 있는 최종 목적지가 어디인지 확인하지 않고 리더만을 맹목적으로 따라간다면 당신은 지금 매우 위험한 게임을 하는 것이다. 특히 당신의 리더가 이끄는 방향에 대해 확신이 없거나 리더가 잘못된 길로 인도한다면 당신이 안아야 할 위험 부담은 그만큼 커진다.

살아가는 데 목표가 중요하다는 사실을 모르는 사람은 없을 것이다. 그러나 삶의 목표가 무엇이고 직업에서 추구하는 목표가 무엇이냐고 물으면 확실하게 자신의 목표를 말하는 사람이 그다지 많지 않다. 그러한 사람은 '분명한 목표가 없으면 행렬 애벌레처럼 남이 가는 길을 따

라가거나 정처 없이 떠돌면서 삶을 낭비하기 쉽다'는 점
을 꼭 염두에 둘 필요가 있다.

　미래에 대한 구체적인 목표가 있는 사람은 대부분 현재
무엇을 해야 할지 알고 있고, 하고 싶은 많은 일 가운데
반드시 해야 할 일과 하지 않아도 될 일, 먼저 해야 할 일
과 나중에 해도 될 일을 분별할 줄 안다. 마치 여러 가지
먹이를 움켜쥔 문어가 한 번에 한 가지씩 먹듯이 지혜로
운 사람은 한 번에 한 가지씩 순서를 정해서 하고 싶은 일
을 해나간다.

목표를 향해 쏴라

　1969년 7월 16일, 우주비행사 세 명을 태우고 미국을
출발한 아폴로 11호는 7월 20일 인류 역사상 처음으로 달
착륙에 성공했다. 암스트롱은 달 착륙에 성공한 뒤, "이
것은 한 인간의 작은 발걸음이지만, 전 인류를 위한 하나
의 위대한 도약이다"라는 메시지를 지구에 보냈다. 그리
고 7월 25일 하와이 남서쪽 태평양 바다 위로 무사히 돌
아왔다.

아폴로 11호의 성공적인 비행은 크고 작은 목표를 성공적으로 수행하기 위해서 필요한 조건이 무엇인지 잘 보여준다.

첫째, 목표에 대한 집중력이다. 아폴로 11호의 모든 계획은 오로지 달 착륙이라는 목표에 맞게 추진되었으며, 모든 첨단 장비들 또한 한결같이 달 착륙에 최적의 환경이 되도록 설계했다.

둘째, 자동 항로가 있었다. 우주선은 자동항법장치를 통해 이미 정해진 항로를 순항할 수 있었다. 갑작스럽게 우주 환경이 변해 원래의 항로를 이탈하더라도 다시 돌아올 수 있는 항로를 알고 있었기 때문에 아폴로 11호는 예정대로 달에 착륙할 수 있었다.

셋째, 강한 추진력이 있었다. 아폴로 11호의 중력은 1톤짜리 승용차 700대와 맞먹을 정도로 엄청났다. 이 우주선을 쏘아 올리려면 그 이상의 엄청난 추진력이 있지 않으면 안 된다. 삶에서 우리를 짓누르고 있는 습관의 중력 또한 그에 못지않게 무겁다. 그 무게를 들어올릴 만큼 강력한 추진력이 있을 때 비로소 우리는 습관의 노예 상태에서 탈출할 수 있다.

넷째, 변화에 대한 유연성이 있었다. 아폴로 11호는 대기권을 벗어나면서 환경에 맞게 중간중간 로켓을 단계적으로 분리하면서 사령선과 달착륙선을 제외한 나머지 불필요한 선체는 모두 떼어내고 비행을 계속했다. 목표에 접근하기 위해 군더더기를 과감하게 버릴 수 있는 유연성을 발휘하지 못했다면, 비행선은 무게 때문에 추락하고 말았을 것이다.

사람이 사람답게 산다는 것의 의미는 무엇일까? 자신이 도달하려는 목적지를 분명하게 정해놓고 구체적이고 현실적이며 실현 가능한 목표를 세워 최선을 다해 실천에 옮겨나가는 것이 아닐까? 우리에게는 자신의 미래에 대한 분명한 꿈과 비전을 설정하고 어떤 일이 있어도 반드시 성취하려는 구체적인 목표를 세워 현실의 어려움을 극복하려는 지혜와 용기가 필요하다.

당신의 꿈은 우주의 어느 별에 도달하는 것인가? 그 별에 도달하기 위하여 당신의 아폴로 11호는 지금 이륙할 준비가 되어 있는가? 인생에서 참으로 부끄러운 일은 목표가 없이 사는 것이다. 별에 도달하지 못한 것이 슬픈 일이 아니라 도달해야 할 별이 없는 것이 슬픈 일이다. 목표를 향해 전진하다가 실패한 것이 죄가 아니라 가야 할 목표가 없는 것이 죄악이다.

 ## 평생직업인으로서 비전과 목표 세우기

직업인으로서 미래 모습 그리기

▶ 자신의 미래 직업을 다음에 구체적으로 그려보라. 막연하거나 형식적이 아니라 좀더 구체적이고 실현 가능한 일을 적어보라.

시기	하고자 하는 일	지위	보수	준비사항	애로점
5년 후 (　　년) (나이:　　)					
10년 후 (　　년) (나이:　　)					
20년 후 (　　년) (나이:　　)					

향후 5년간 세부 실천 계획

▶ 내가 바라는 직업을 성취하기 위해 향후 5년간 실천해야 할 계획을 세워보라.

1. 목표 : 나는 앞으로 __________ 를 직업으로 삼겠다.

2. 향후 5년간 달성할 세부 진로 목표와 행동지침

1차연도	목표		목표	
	행동지침		행동지침	
2차연도	목표		목표	
	행동지침		행동지침	
3차연도	목표		목표	
	행동지침		행동지침	
4차연도	목표		목표	
	행동지침		행동지침	
5차연도	목표		목표	
	행동지침		행동지침	

3. 첫 6개월 실행 계획

❖ 1~6개월

① ....

....

② ....

....

③ ....

....

④ ....

....

⑤ ………………………………………………………………………

………………………………………………………………………

⑥ ………………………………………………………………………

………………………………………………………………………

4. 첫 1개월 실행 계획

❖ 1~4주

① ………………………………………………………………………

………………………………………………………………………

② ………………………………………………………………………

………………………………………………………………………

③ ………………………………………………………………………

………………………………………………………………………

④ ………………………………………………………………………

………………………………………………………………………

성공하는 직업인의 시간관리와 자기관리

성공하는 직업인의 시간관리와 자기관리

 상어가 힘이 센 이유

상어는 바다의 무법자요, 난폭한 사냥꾼으로 불린다. 상어는 일단 먹이를 발견하면 절대 놓치는 법이 없을 정도로 강력한 힘과 집요함이 있다. 그래서 상어는 항상 바닷속 물고기의 경계 대상 1호로 지목된다.

그런데 상어가 그렇게 된 데는 이유가 있다. 바닷속에

사는 다른 물고기와 달리 상어의 몸 안에는 부레가 없다. 따라서 쉴 새 없이 꼬리를 저어대지 않으면 깊은 바다 밑으로 가라앉고 만다. 상어의 놀라운 힘과 집요함은 불리한 환경에서 생존을 위해 어떻게 해야 하는지 자신이 잘 알고 이를 행동에 옮겼기 때문에 가능했다.

상어 이야기는 아무리 어려운 환경에 처해 있더라도 이를 극복하기 위해 부단히 노력하면 상어처럼 막강한 힘을 기를 수 있음을 잘 증명해준다. 사람도 마찬가지다. 아무리 여건이 좋아도 노력하고 실천하지 않으면 소용이 없다. 아무리 뛰어난 아이디어와 생각이 있더라도 그것을 행동으로 보여주지 않으면 쓸모가 없다. 반면에 아무리 어려운

여건에 처해 있더라도 좌절하지 않고 부단히 노력하면 서서히 힘이 길러지고 나중에는 탁월한 능력을 발휘할 수 있다.

결국 모든 것은 생각과 행동에 달려 있다. 우리 머리에서 가슴까지 거리는 불과 30cm 정도다. 이 30cm의 거리를 극복하는 사람과 그렇지 못하는 사람의 운명은 시간이 갈수록 점점 크게 갈라질 것이다. 지금 당신의 머리에서 움직이지 않는 생각은 무엇인가? 담배를 끊어야지, 술을 줄여야지, 운동을 해야지, 아침에 일찍 일어나야지, 외국어를 공부해야지, 자기계발을 해야지, 돈을 많이 벌어야지…….

머리 속에 들어 있는 보석 같은 생각도 머리에서 가슴까지의 짧으면서도 먼 30cm의 강을 건너지 않으면 물거품이 되고 만다. 생각에서 행동으로 가는 30cm의 강에 다리를 놓아라. 그리하여 자신을 키워주고 거듭나게 해줄 황금 같은 생각을 실천에 옮겨라. 거기에 우리 자신의 미래와 운명이 달려 있다.

바다의 강자 상어도 사실은 불리한 여건을 극복하는 과정에서 무서운 힘을 갖게 되었음을 떠올릴 때, 우리가 하고 싶은 무엇인가를 지금 하지 못한다면 그것은 주변의 여건이나 환경 때문이 아니라 자신의 생각과 행동이 일치하지 않아서 그런 게 아닌지 한 번쯤 진지하게 되돌아볼 일이다.

세상 살기가 점점 어려워진다고 한다. 직장생활이 갈수록 고단해진다고 한다. 취직하기가 하늘의 별 따기만큼이나 힘들다고 한다. 맞는 말이다. 그러나 똑같은 여건에서 어떤 사람은 오히려 과거보다 더욱 빛나는 삶을 살아간다. 그 비결이 어디에 있는지 그들을 벤치마킹할 필요가 있다.

여건이 불리하다고 아무리 세상 탓을 해도 세상은 당신을 위해 꿈쩍도 하지 않는다. 세상을 원망한다고 해서 문제가 해결되는 것은 절대 아니다. 세상을 적으로 만들지 말고 동지로 만들어라. 그 열쇠는 당신이 가지고 있다. 머리에서 가슴까지 30cm의 가깝지만 넘기 힘든 '마음의 강'을 건너갈 때 비로소 세상은 당신 편이 된다.

상어의 집요함과 강인함은 상대적으로 불리한 역경을 오히려 반전의 기회로 삼고 부단히 노력했기 때문에 가능했다. 이제 당신이 그것을 증명할 차례다. 지금 상황이 어렵다면 현재의 어려움을 결정적인 전화위복의 기회로 삼아라. 죽을 각오로 임한다면 못할 것이 무엇이 있겠는가?

영화 〈멀티플리시티〉(Multiplicity)는 시간에 쫓기며 사는 사람은 꼭 봐야 할 영화다. 영화의 주인공은 사랑하는 아내, 두 아이와 함께 행복하게 살아가는 샐러리맨이다.

별다른 문제없이 일상을 살아가던 그에게도 한 가지 고민이 있었는데, 그것은 바로 하고 싶은 일은 많은데 도무지 시간이 없다는 점이다. 그가 다니는 직장은 건축회사였기 때문에 늘 이 현장 저 현장을 발로 뛰어다녀야 하는 상황이라 몸이 열 개라도 모자랄 지경이었다.

그렇듯 회사 일에 쫓기며 사는 그이기에 아내와 시간을 오붓하게 보내거나 아이들과 놀아주는 것은 꿈도 꾸지 못했다. 그래서 그는 가족을 볼 때마다 항상 미안하고 아쉬운 생각이 들었다.

'나에게 조금만 더 시간이 있다면 얼마나 좋을까?'

그런데 바로 그때 그를 구원해줄 구세주가 등장한다. 한 과학자가 그를 복제해주겠다고 나선 것이다. 그렇지 않아도 시간이 부족해 허덕이던 그는 그 제안을 받아들였다.

드디어 인간복제는 성공하고 그는 몸이 두 개가 되어 제2의 인물은 회사로 보내고 자신은 그동안 소홀했던 가족과 함께 시간을 보내리라 결심한다. 그리하여 아내 대신 식사도 준비하고 집안청소도 하며 딸아이를 학원에 데려다주는 일도 맡아서 한다.

그런데 또 문제가 생겼다. 가족을 위해 시간을 쓰다보니 정작 자신이 하고 싶은 취미생활을 즐길 시간이 없었던 것이다. 그는 취미활동을 해서 삶의 희열을 얻고 싶은 강한 충동을 느꼈다. 하지만 문제는 그럴 시간이 나지 않는다는 것이었다.

어떤 일이든 처음 시작하기가 힘들어서 그렇지 일단 저질러놓고 나면 그 다음부터는 수월해지게 마련이다. 간이 커진 주인공은 제3의 인물을 복제하기로 마음먹는다. 그리고 이번의 복제인간은 완전히 '가정 전용'으로 쓸 작정을 하게 된다. 이제 가사 업무까지 복제인간에게 맡겨버린 주인공은 그야말로 주변의 모든 일에서 해방되어 자기만의 시간을 보낸다. 골프를 즐기고 바다를 항해하며 각종 여가생활을 만끽하느라 정신이 없다.

그러나 호사다마라고 했던가. 결국 사건이 터지고마는데 문제를 일으킨 것은 다름 아닌 복제인간이었다. 주인공의 차고에서 함께 살던 두 명의 복제인간이 자기들에게 떨어지는 일거리가 자꾸 늘어나자 자신들도 복제품을 만들기로 모의했던 것이다.

그런데 세 번째 복제인간은 원본으로 복제한 것이 아니고 복제품을 또 복제한 것이어서 품질이 많이 떨어졌다. 이런저런 말썽을 피우던 세 번째 불량 복제인간은 급기야 첫 번째 복제인간 대신 회사에 나갔다가 일을 망쳐버리고 결국 해고를 당하게 된다.

그뿐만이 아니었다. 아무 영문도 모르는 주인공의 아내는 복제인간과 잠자리를 하게 되고 예전과 다른 전혀 새로운 느낌에 빠지기도 한다. 그러나 그것도 잠시뿐, 마주치는 복제인간마다 엉뚱한 행동을 하는 것을 보고 아내는 남편이 도무지 종잡을 수 없는 이상한 사람으로 변해버렸다고 단정하여 집을 나가버린다.

먼 여행에서 돌아온 주인공은 집안이 엉망이 되어버린 것을 알고는 복제인간들을 멀리 떠나보낸다. 그리고 자신은 시간적으로 좀더 여유가 있는 사업을 하기로 결심하고 아내와도 다시 결합한다.

영화 〈멀티플리시티〉는 우리가 일상의 삶에서 습관적으로 행하는 많은 일이 진정 자신의 인생에서 그렇게 중요한 일인지 진지하게 생각해볼 기회를 제공한다. 그리고 만일 그렇지 않다고 생각된다면 이유 없이 바쁘기만 한 자신의 일상을 새롭게 바꿔보라고 권유한다.

늘 바쁘게 살아가는 사람은 일상을 살아가는 관행적인 삶의 방식을 바꾸지 않으면 아무리 시간이 늘어나도 소용이 없다. 그런데 그 일상을 구성하는 요체는 바로 하루라고 하는 24시간이다. 하루의 의미를 제대로 이해하고 하루 24시간을 좀더 의미 있게 살지 못하면, 일상을 바꿀 수 없고 나아가 삶을 바꿀 수도 없다.

 바쁘다는 것의 정체

직장생활을 하거나 일상 업무를 수행하면서 바쁘게 살지 않는 사람은 거의 없다. 우리 사회는 거의 모든 분야에서 갈수록 빠른 것을 원하고 점점 더 속도를 높이라고 요구한다. 그래서 우리는 더욱더 바쁘게 생활하지 않을 수 없고, 잠시라도 한가하게 있기라도 하면 할 일 없는 사람처럼 보이거나 한심한 인간으로 비치지나 않을까 우울한 감정에 휩싸이게 된다.

그래서일까? 밥을 먹으면서도 신문을 봐야 하고 운동을 하면서도 회사 일을 걱정한다. 성공하려면 다들 그렇게 바쁘게 살아야 하고, 1분 1초라도 아무것도 하지 않고 지내는 것은 죄악이라고 생각한다. 그 결과 일을 위해 건강은 잠시 유보해야 하고 가족은 또 한번 희생의 대상이 되어야 하는 것이다.

그런데 여기서 꼭 짚고 넘어가야 할 것이 있다. 도대체 바쁘다는 것의 정체는 무엇일까? 무엇이 우리를 그토록 바쁘게 만드는 것일까? 혹시 지금 우리는 속도의 마법에 걸려 바쁘게 살지 않으면 견딜 수 없는 '속도중독증'에 걸리기라도 한 것은 아닐까?

속도중독증에서 벗어날 수 있는 유력한 방법은 꼭 해야 할 일과 하지 않아도 될 일의 성격을 분별하는 방법을 알고, 꼭 해야 할 일은 그날 반드시 실천할 수 있도록 계획을 세워 실행에 옮기는 것이다. 오늘 하루 24시간을 가장 효과적으로 쓸 수 있도록 자신의 삶을 컨트롤하는 것이다.

똑같이 주어지는 하루 24시간을 어떤 사람은 정신없이 바쁘게 사는 반면, 어떤 사람은 제법 여유 있게 살아가는 이유는 시간을 사용하는 패턴이나 방법이 서로 다르기 때문이다. 또한 시간이 지날수록 점점 삶이 성숙해지는 사람과 몇 년이 지나도 늘 그 자리를 맴도는 듯한 사람이 존재하는 이유도 시간을 활용하는 전략에 차이가 있기 때문이다. 그 비밀을 푸는 열쇠가 시간관리 속에 있다.

 시간을 관리한다?

흔히 시간을 좀더 효과적으로 사용하기 위한 방법을 얘기할 때 '시간관리(time management)' 라는 표현을 즐겨 쓴다. 여기서 시간관리라는 말은 시간을 컨트롤한다는 뜻이다. 그러나 엄격한 의미에서 볼 때 사람이 시간을 관리하고 컨트롤한다는 것은 불가능하다.

한마디로 말해서 시간은 관리할 수 없다. 왜냐하면 시계 바늘은 우리 마음대로 관리할 수 있는 것이 아니며, 시계의 초침은 '잠시라도 멈춰주었으면 좋겠다' 는 우리의 바람과는 상관없이 인정사정없이 지나가버리기 때문이다. 그러므로 엄밀한 의미에서 시간관리란 시간을 관리하는 것이 아니라 시간 속에서 살아가는 자신의 행동방식을 관리하는 '자기관리' 라고 표현해야 옳다.

다만 일반적으로 시간을 효과적으로 사용한다고 말할 때 대개 시간관리라는 용어를 쓰기 때문에 이 두 가지 표현을 섞어서 사용하기로 하겠다.

하루는 24시간이고 1시간은 60분이며 1분은 60초다. 이것은 마음대로 바꾸거나 변경할 수 없는 시계상의 시간이다. 하지만 시간을 이처럼 어찌할 수 없는 부동의 존재로 받아들이게 되면 우리 삶은 시계에 지배당하기 쉽다. 또한 이때 우리가 시간에 대해 할 수 있는 최선의 방법은 가능한 한 시간을 아껴 쓰고 절약하는 것이다.

그래서 한때 시간관리나 '시테크'라는 주제의 강연이 많은 관심을 불러일으키기도 했고, 지금도 시간관리와 관련된 책이 계속 쏟아져 나오고 있다. 이들 서적은 대부분 시간을 효율적으로 사용하면 좀더 빨리, 많은 일을 할 수 있다고 강조한다. 심지어 현대사회에서 성공하려면 시간관리기법을 잘 알지 않으면 안 된다고 으름장을 놓기도 한다.

특히 샐러리맨이나 비즈니스맨을 위한 시간관리법은 기본적으로 업무의 효율성 향상이나 생산성 향상에 초점을 맞추고 있다. 따라서 이러한 시간관리법은 시간을 가능한 한 통제할 수 있는 작은 단위로 세분한 다음, 각 시간 단위마다 여러 가지 일을 한꺼번에 처리하라고 설득한다.

하지만 이러한 방법은 우리 생활의 모든 현장에서 단순 반복적인 속도만을 한층 더 강화해줄 뿐이다. 또한 그러한 방법으로 성과를 올린 사람은 주변 사람의 찬사와 박수갈채에 보답하기 위해 더 빨리 더 많은 일을 하게 된다. 그러나 그에 대한 보상은 대부분 더욱더 늘어나기만 하는 일거리들뿐이다.

이렇듯이 시간에 대한 현대인의 인식 가운데 가장 염려스러운 것은 시간이라는 개념이 자연의 원리와 동떨어져 있다는 점이다. 계절의 변화나 자신의 생리적인 신체 리듬보다 습관이 된 근무시간에 따라 일을 시작하고 끝낸다. 아침에 우리를 기다리는 것은 부드럽고 따사로운 햇살이나 맑고 고운 새소리가 아니라 시끄러운 자명종 시계 소리인 것이다.

그러나 우리가 시간에 다른 방식으로 접근할 수 있다면 시간은 그렇게 고정적이고 절대불변의 개념인 것만은 아니다. 만약 우리가 시간 속에는 저마다 살아 숨쉬는 생명력이 있어서 어떻게 가꾸느냐에 따라 모습이 달라질 수 있다고 생각한다면, 시간은 더는 생명이 없는 차가운 존재가 아닌 것이다.

그러니 우리의 생활리듬을 시계의 초침에 맞춰나가기보다는 유연하고 생명력 넘치는 가치중심의 시간개념으로 바꿔보자. 그리하여 좀더 자연적이고 살아 숨쉬는 시간으로 재창조해보자. 그것이 바로 '시간 디자인' 이다.

주 5일 근무제가 본격적으로 시행되면서 휴일 시간을 활용하는 것이 모든 직장인의 최대 관심사로 떠오르고 있다. 휴일은 규칙적인 일상에서 벗어나 느긋하게 게으를 수 있고 자유롭게 자신을 풀어놓고 싶은 시간이기도 하다. 특히 아침 일찍 일어나 거의 관성적으로 세면대로 향하던 급박함에서 벗어나는 해방감은 쉬는 날에만 느낄 수 있는 매력이 아닐 수 없다.

하지만 세수를 하지 않고 시작하는 휴일은 하루 종일 무기력하게 보내버리기 일쑤다. 흐트러진 머리에다 얼굴을 씻지 않았다는 강박감이 적극적인 행동을 가로막는 것이다. 세수를 하는 것은 외모를 다듬는 일인 동시에 마음을 다듬는 의식이기도 하다. 다시 말해서 오늘 하루를 새롭고 활기찬 마음으로 맞이하겠다는 다짐인 것이다. 그래서 세수를 하고 나면 그렇게 기분이 좋을 수 없다.

마찬가지로 하루 시간을 맞이하는 것도 세수 같은 의식이 필요하다. 그 의식이라 함은 새롭게 열리는 하루 시간을 상쾌하게 하기 위해 미리 시간을 디자인해보는 것이다. 그리하여 자신이 오늘 만나고 싶은 소중한 이벤트들을 미리 계획하고 그렇게 살아가려고 최선을 다할 때, 하루를 마무리할 때쯤 바라보는 그날의 삶은 잘 디자인된 멋진 시간으로 꾸며져 있을 것이다.

하루 계획을 세우는 것은 외출하기 전에 반드시 세수하는 것과 같다. 그러나 얼굴은 정성스럽게 단장하는 사람도 하루의 삶을 근사하게 꾸리는 데는 지독히 인색하다. 외모에는 무척 신경을 쓰면서도 정작 소중한 하루를 단장하는 데는 게으르기 짝이 없는 것이다. 단장을 하지 않고 외출하면 기분이 찜찜하듯이, 미리 계획하지 않고 시작하는 하루 역시 꾀죄죄해지지 않을 수 없다.

비록 짧은 시간이지만 세수를 하면 하루를 즐겁게 시작할 수 있듯이, 자신이 원하는 하루 이벤트를 계획하는 것은 하루 24시간을 멋지게 살아가기 위해 반드시 필요한 의식이다. 짧은 시간일지라도 아침에 오늘 자신이 만나고 싶은 하루를 미리 디자인해보라. 얼마나 가슴 설레는 일인가?

그 '설렘의 시간'은 하루의 삶을 풍요롭게 해주는 마력이 있다. 아침 시간에 하루를 설계하는 것은 심리적으로도 매우 긍정적인 효과가 있다. 오늘 일어날 수 있는 이벤트를 예상하고 시작하면 중요한 과제와 그에 따른 해결방안이 머리 속에 이미 그려져 있기 때문에 아무리 바쁜 하루라도 그다지 부담스럽게 느껴지지 않는다. 또한 전체 구도를 그려보고 시작하면 어려워보이던 일도 의외로 쉽게 풀릴 수 있다.

계획을 세운다는 것

사람은 한번 목표를 정하거나 계획을 수립하면 마치 단단한 화강암에다 정으로 글자를 새기는 것처럼 다시는 바꿀 수 없는 것으로 여기기도 한다. 그래서 원래 세워놓은 목표나 계획에 따라 일이 진행되지 않으면 큰 좌절감에 빠진다. 하지만 그러한 고정관념에 사로잡히면 유연하고 신축적으로 시간관리하기가 매우 어려워진다. 오히려 만들어놓은 계획에 사로잡혀 자신을 얽어매는 결과를 초래하고 마는 것이다.

효과적인 시간관리는 미리 만들어놓은 계획대로만 모든 일을 진행해야 한다는 뜻이 아니라, 목표와 계획을 중심으로 그때그때 상황에 따라 유연하게 대처하는 것을 의미한다. 그렇지 않으면 시간관리를 위한 계획은 자신을 구속하고 시간에 종속되도록 만들 가능성이 높다. 목표나 계획은 돌에 조각을 새기는 것처럼 반영구적인 것이 아니다. 유연성을 발휘하라. 그것은 남의 것이 아니라 바로 자신이 만들고 실천하는 자기 자신의 것임을 항상 염두에 두어야 한다.

더욱이 계획을 세우는 시점과 그것을 실행하는 시점은 서로 다르다. 따라서 상황은 얼마든지 달라질 수 있는 것이다. 예를 들어 오늘 저녁에 운동을 하기로 했는데 막역한 회사 동료가 갑자기 상을 당했다면, 운동을 취소하고 상가를 방문해야 한다. 그러므로 원래 예상하고 의도했던 방향으로 상황이 전개되지 않을 경우 계획이나 목표는 항상 수정할 수 있어야 한다. 신축성 있는 계획이 훨씬 생동감 있고 살아 있는 계획인 것이다.

세상에 예외 없는 법칙은 없다. 우리 삶은 항상 계획대로만 전개되는 것이 아니다. 때로는 전혀 생각지 않은 일이 수시로 발생하기도 한다. 그렇다고 해서 당황할 필요는 없다. 어쩌면 그것은 당연한 현상인지도 모른다. 다만 예기치 않은 상황이 발생했을 때는 그것의 중요성을 따져 유연하게 대처할 필요가 있다. 때로는 계획했던 모든 일을 뒤로 미루고 먼저 해결해야 할 일이 생길 수도 있다. 이때는 그 일을 가장 먼저 해야 한다.

계획은 어디까지나 계획이므로 '계획은 수정될 수 있다'는 생각을 항상 해야 한다. 그렇다면 '어차피 수정될 수 있는 계획을 뭐하러 세우느냐'고 반문하는 사람이 있을 것이다. 그러나 그렇지 않다. 그것은 마치 구더기 무서워 장을 못 담그는 우를 범하는 것과 마찬가지다.

계획하는 삶이 아름다운 이유

계획을 세워 생활하라는 말은 계획에 얽매여 살라는 뜻이 아니다. 하루를 예측하고 준비한다면 똑같은 하루 24시간도 계획없이 사는 사람보다 훨씬 풍요롭게 살 수 있다는 의미다. 또한 계획을 세워두면 그다지 중요하지 않은 일이 중요한 일을 제치고 끼어드는 것을 사전에 방지할 수 있다.

계획은 하루 동안 일어날 수 있는 여러 가지 가능성을 예상한 다음, 자신이 가장 선호하는 가능성을 선택하는 행동이다. 자신의 꿈과 목표를 실현하기 위해 지금 자신이 이용할 수 있는 자원과 역량을 어떻게 활용할 것인가를 미래의 시간 위에 배치해보는 일종의 '시간 시나리오'

인 것이다.

일상의 모든 것은 우리가 어떤 시간 시나리오를 선택하느냐에 따라 달라진다. 이때 가장 어려운 것은 '중요한 일'과 '사소한 일'을 구분하는 것이 아니다. 왜냐하면 우리는 대부분 '더 중요한 일'과 '덜 중요한 일'을 놓고 어떤 것을 선택할까 갈등하는 경우가 더 많기 때문이다.

그러므로 계획을 세운다는 것은 틈만 생기면 비집고 끼어들려는 수많은 '덜 중요한 일'들을 주도적으로 선별하여 버리는 행위다. 동시에 하루를 자신이 하고 싶은 방식으로 디자인하는 것이다. 더러는 계획이라는 말만 들어도 가슴이 답답하고 숨이 막힌다는 사람도 있다.

"인생을 꼭 그런 식으로 살아야 합니까? 모든 것을 계획대로 하면 박진감도 없고 삶이 얼마나 따분하겠습니까? 시간이나 계획에 얽매이지 말고 제발 좀 인간답게 삽시다!"

이 말은 물론 어느 정도 일리가 있다. 하지만 그들이 간과하고 있는 중요한 사실이 있다. 그것은 계획을 세움으로써 자신이 진정으로 원하는 좀더 인간적인 삶을 살 수 있고, 또한 계획을 세움으로써 우리는 더욱더 삶의 여유를 누릴 수 있다는 사실이다.

그렇다고 해서 모든 일이 반드시 계획대로만 진행되는

것은 아니다. 어떤 것은 오히려 계획대로 진행되지 않는 경우가 더 많다. 그러나 계획을 세움으로써 우리는 무엇이 더 소중하고 의미 있는 것인지 항상 물으며 살아갈 수 있다.

결국 계획을 세운다는 것은 하루하루 빈틈없이 살아가자는 것이 아니라, 하루의 소중한 것을 잊지 않고 챙기자는 것이며, 그렇게 함으로써 하루를 좀더 가치 있게 살아가자는 것이다. 그러므로 미래의 당신을 멋지게 만들 소중한 일을 꼭 챙겨 오늘을 계획하며 살아라. 계획하며 사는 삶이 아름다운 이유가 바로 여기에 있다.

전업주부가 무슨 시간관리?

맞벌이를 하거나 직장에 다니는 여성이라면 몰라도, "전업주부가 무슨 시간관리가 필요하냐?"는 고정관념에 사로잡혀 있는 남자들이 아직도 있다. 남편과 아이들이 밖에 나가면 시간이 남아돌아 주체를 못할 텐데 무슨 시간관리가 필요하냐는 것이다.

물론 모두 그런 것은 아니겠지만 다음에 소개하는 가정

주부의 하루 일과를 들여다보면, 한국에서 가정을 꾸려나가는 여성에게 과연 시간관리가 필요한 것인지 전혀 필요 없는 것인지 스스로 답을 찾을 수 있을 것이다.

"저는 별로 하는 일도 없는 것 같은데 하루가 왜 그렇게 바쁜지 모르겠어요. 우리 집에는 남편과 중학교 3학년, 초등학교 6학년에 다니는 아이가 있어요. 아침에 밥하고 남편 출근시키고 아이들 학교 보내고 설거지하고 집안 청소하고 빨래하고 나면 오전 시간이 금방 지나가버려요.

한숨 돌리려면 둘째아이가 학교에서 돌아오기 때문에 간식 먹이고 학원 보내고 나면 이번에는 첫째아이가 오지요. 그 애까지 간식 먹여 학원에 보내고 나면 시장이랑 할인점에 들러 저녁 찬거리를 준비해야 해요.

저녁 먹고 나면 아이들 공부하는 것 챙기고 조금 있다 남편 퇴근하면 또 저녁상 차려주고 먹고 나면 치우고 그러다가 텔레비전 좀 보고 씻고 자는 거예요. 하루가 어찌나 빨리 지나가는지 속상할 때가 한두 번이 아니에요."

어느 조사를 보니 한국 전업주부의 평균 가사노동시간은 9.1시간이고 평균 수면시간은 5시간 28분이라고 한다. 이것은 미국 주부의 평균 수면시간 7시간 33분, 일본 주부의 6시간 58분에 비하면 턱없이 부족한 셈이다.

이 데이터에 따르면 한국의 주부들은 상대적으로 가사

노동은 많이 하면서도 잠은 적게 잔다는 것을 알 수 있다. 그런데도 남성들이 가사를 그다지 중요하지 않게 생각하는 이유는 무엇일까? 아니, 여성 스스로 자신이 하는 일을 '일 같지도 않은 일'처럼 생각하는 이유는 어디에 있을까?

그것은 가사노동이 워낙 단조롭고 반복적인데다 자기계발과는 전혀 상관이 없기 때문이다. 따라서 바쁘기는 정신없이 바쁜 데도 이렇다 할 만한 성취감도 없고 일에서 행복감도 느끼지 못하는 것이다. 바로 그러한 이유 때문에 기혼여성이나 전업주부야말로 효과적으로 시간관리를 해야 할 주인공이다. 하루에 단 한 시간이라도 자신이 진정으로 원하는 가치 있는 활동을 하기 위해 시간을 낼 수 없다면, 전업주부의 하루는 늘 반복해야 하는 온갖 일거리로 채워지고 말 것이다.

그러므로 전업주부가 좀더 탄력 있는 삶을 설계하기 위해서는 살아가면서 자신이 진정으로 하고 싶은 것이 무엇인지 진지하게 성찰해보고 그것을 찾아내야 한다. 그것을 분명하게 만들어놓지 않으면 늘 해오던 일이 여지없이 그 공간을 메워버릴 것이기 때문이다.

반면 뭔가 열정을 가지고 보람과 행복을 찾을 수 있는 일을 발견하고 실천하게 되면, 가사노동에 들어가던 시간은 자연적으로 줄어들게 된다. 자신의 인생에서 좀더 중요한 일을 하는 데 시간과 에너지를 집중하게 되면, 덜 중요한 일의 유혹을 단호히 거절할 수 있는 것이다.

따라서 가사노동을 줄이기 위해서는 가사노동을 합리적이고 효율적으로 행하는 것도 중요하지만, 더욱 중요한 것은 가사노동보다 더 소중한 것을 찾아 그 일을 하는 데 먼저 시간을 투자하는 것이다. 그렇다고 해서 가사노동이 소중하지 않다거나 가치가 없다는 말은 절대 아니다.

결국 자신의 건강한 삶은 가족이 찾아주는 것이 아니다. 자기가 자신의 삶의 가치를 재정의하면서 스스로 찾고 지키려고 할 때 비로소 건강하고 행복한 삶이 창조되는 것이다.

중요성과 긴급성

    직장인이 시간을 효과적으로 관리하기 위해서는 자신이 시간을 어떤 방식으로 사용하는지 먼저 패턴을 파악하고, 필요하다면 시간 사용 습관을 바꾸려고 노력해야 한다. 먼저 자가 진단을 해서 자신의 시간 활용 패턴을 파악해보기로 하자.

▶ **다음 각 문항에 대하여 점수를 부여하고, 그 점수를 아래 표에 기재하라.**

(매우 그렇다 : 5점 / 그렇다 : 4점 / 보통이다 : 3점 / 그렇지 않다 : 2점 / 전혀 그렇지 않다 : 1점)

1. 나는 항상 시간에 쫓기며 살아간다.

2. 나는 마음의 여유를 가지고 생활한다.

3. 나는 상대방의 요구에 거절을 못한다.

4. 나는 지금 하고 있는 일에 흥미나 보람을 못 느낀다.

5. 나는 언제나 다급하고 바쁜 상태로 생활한다.

6. 나는 항상 미래를 준비하고 계획하며 산다.

7. 나는 남을 도와주느라고 내 일을 못할 때가 많다.

8. 나는 시간이 지나도 늘 그 자리에 있는 느낌이다.

9. 나는 당장 해결하지 않으면 안 되는 일거리가 많다.

10. 나는 일의 우선순위를 따져 실행에 옮긴다.

11. 나는 일을 하다 보면 우선순위가 낮은 일을 하는 경우가 많다.

12. 나는 늘 생활이 지루하고 따분하다.

13. 나는 늘 당장 눈앞에 닥친 문제 해결에 초점을 맞춘다.

14. 나는 일에서 일관되고 지속적인 성취감을 얻는다.

15. 나는 어떤 일을 만나면 늘 바쁜데 성과는 없다.

16. 나는 시간이 남아 무엇을 해야 할지 모를 때가 많다.

17. 나는 늘 할 일에 비해 시간이 부족하다는 느낌이 든다.

18. 나는 매사에 '예스'와 '노'가 분명한 편이다.

19. 나는 내가 일의 희생자라고 생각한다.

20. 나는 소일거리나 시간 때울 거리를 찾을 때가 많다.

21. 나는 일이 끝나면 스트레스를 많이 받는 편이다.

22. 나는 일에서 심리적인 만족과 안정감을 얻는다.

23. 나는 무슨 일을 하고 나면 마음이 허전하고 씁쓸할 때가 많다.

24. 나는 무력감이 들거나 자신이 싫어질 때가 많다.

	A형		B형		C형		D형	
문항별 점수	1 5 9 13 17 21		2 6 10 14 18 22		3 7 11 15 19 23		4 8 12 16 20 24	
총점수								
환산점수								
순위								

▶ 환산점수 계산 방법 : (총점수 ÷ 6) × 20 = 환산점수

　미국의 제34대 대통령 아이젠하워는 모든 일이나 활동을 중요성과 긴급성의 관점에서 ① 긴급하고 중요한 일, ② 긴급하지는 않지만 중요한 일, ③ 긴급하지만 중요하지 않은 일, ④ 긴급하지도 않고 중요하지도 않은 일의 네 영역으로 구분하였다. 앞의 24개 문항은 이를 토대로 자신이 어느 영역에서 얼마만큼의 시간을 보내고 있는지 자가 진단이 가능하도록 고안한 것이다.

　표에서 A형은 긴급하고 중요한 일, B형은 긴급하지는 않지만 중요한 일, C형은 긴급하지만 중요하지 않은 일, D형은 긴급하지도 않고 중요하지도 않은 일의 영역에 해

당한다. 자신이 직접 체크한 환산점수가 영역별로 몇 점씩인가 확인해보고, 지금까지 주로 어떤 성격의 일을 하는 데 시간을 많이 보냈는지 점검해보기 바란다. 아울러 순위가 가장 높은 영역이 어디인지 알아보고, 그 원인이 무엇인지도 진단해보라.

긴급성의 포로들

이제 각 유형별 특징을 좀더 자세히 살펴보기로 하자. 먼저 긴급하고 중요한 일에 해당하는 A유형의 일은 반드시 해야 할 뿐만 아니라 지금 당장 하지 않으면 안 되는 일이다. 당장 준비해야 할 회의 자료, 마감 시한이 임박한 프로젝트, 내일 치러야 할 시험, 상가 문상, 눈앞에 닥친 출근시간 등은 중요하면서도 당장에 해결하지 않으면 안 되는 긴급한 일이다.

업무의 특성상 계속해서 긴급하고 중요한 일을 처리해야 하는 사람이 있다. 현장에서 개성이 다양한 고객을 상대해야 하는 영업 사원이나 시시각각 변하는 시장 상황을 점검하며 적절히 대처해야 하는 외환 딜러는 하루 중 상당한 시간을 A유형의 활동을 하는 데 할애해야 한다.

그런데 A유형의 활동은 긴박감은 넘칠지 모르나 끊임 없이 스트레스를 불러오는 원인이 되기도 한다. 따라서 긴급하고 중요한 일에 묻혀 사는 사람은 항상 육체적 과로나 정신적 중압감으로 건강을 해칠 위험에 노출된 채 살아가는 사람이다.

다음으로 C유형은 긴급하지만 덜 중요한 일로 이루어진 영역이다. 그런데 우리는 흔히 이 영역에 속하는 일을 실제보다 더 중요한 일이라고 착각한다. 그러나 당장 해야 할 일이라고 해서 반드시 우선순위가 높은 일은 아니다. 단지 우선순위가 높은 일처럼 보일 뿐이다.

많은 사람이 중요하지는 않지만 긴급한 C유형의 일을 하느라고 긴급하지는 않지만 중요한 일을 뒤로 미루며 산다. 가령 장기 목표를 설정하거나 건강관리를 위해 운동을 하고, 자기계발을 위해 토익을 공부하는 것 같은 일은 반드시 지금 하지 않아도 당장 큰일이 나는 것은 아니다. 그러나 그러한 일은 언젠가는 해야 하는 중요한 일이다.

하지만 다급한 전화 호출, 친구의 사소한 부탁, 술자리에 불려 나가기, 상사의 업무 대신 하기 등으로 이리저리 끌려다니느라 바쁘다 보면 긴급하지는 않지만 중요한 일은 늘 뒷전으로 밀려나게 된다. 그 결과 자기계발이나 어학공부는 다시 내년으로 미뤄지고 뱃살을 빼기 위한 조깅에는 도무지 시간을 낼 수 없다.

D유형은 긴급하지도 않고 중요하지도 않은 일이 속해 있는 영역이다. 새벽까지 이어지는 3차 이상의 술자리, 밤 깊은 줄 모르고 탐닉하는 컴퓨터 게임, 과도한 텔레비전 시청, 밤샘 고스톱 같은 활동은 전형적인 D유형의 활동이다.

긴급하지도 않고 중요하지도 않은 일이 무익한 줄 알면서도 여기에서 시간을 보내는 이유는 무엇일까? D유형의 활동을 많이 하는 사람은 아무런 목표나 계획이 설정되어 있지 않은 채 살아가는 사람이거나 긴급하고 중요한 A유형의 활동을 많이 하다 보니 누적된 스트레스를 풀기 위해 그러한 일을 즐긴다.

분명한 목표나 계획이 없는 사람은 눈앞에 닥치는 모든 일에 손을 대게 되고 하루가 끝날 때쯤 되돌아보면 거의 C유형이나 D유형에 속하는 사소한 일을 하느라 정작 중요한 활동에는 손도 대지 못하고 하루를 마감한다. 연초나 월초가 되면 그렇게 살지 말아야겠다고 다짐해보지만, 특별히 준비해둔 중요한 일이 없으면 다시 사소한 일을 하느라 정신없이 분주한 자신을 발견하게 된다.

또한 육체적·정신적으로 스트레스를 많이 주는 A유형의 활동을 하는 데 많은 시간을 보내는 사람도 스트레스와 긴박감에서 벗어나기 위해 C나 D유형의 활동을 즐긴다. 그들에게 인생은 롤러코스터를 타는 것처럼 극과 극을 치닫는 곡예 같은 것인지도 모른다.

마음에 평화를 누리는 사람

B유형의 일을 살펴보자. 이 영역은 긴급하지는 않지만 중요한 활동이 속해 있는 영역이다. 자기계발, 건강관리, 독서, 어학공부, 가족관계, 대인관계, 목표설정, 계획 수립 등 당장 하지 않아도 큰일이 나는 것은 아니지만 언젠가는 꼭 해야 할 소중한 활동은 모두 B유형에 속하는 일이다.

그런데 이 유형의 활동은 긴급하지 않다고 해서 차일피일 미루다 보면 어느새 긴급하고도 중요한 일이 되어버려 A유형으로 바뀌는 특성이 있다. 자신의 건강을 잘 유지하는 것은 긴급하지는 않지만 중요한 일이다. 그러나 당장 긴급하지 않기 때문에 평소에 건강관리를 소홀히 하다 건강에 이상이 생기면 그때는 매우 긴급하고 중요한 일로 바뀌게 된다. 사실 A유형에 속하는 일 가운데 적지 않은 일이 처음에는 B유형에 있다가 넘어온 것이다.

특히 미루기를 좋아하는 사람은 미리 준비하고 예방했더라면 B영역에서 여유 있게 할 수 있는 일을 A영역에서 처리하느라고 정신없이 바쁘게 생활한다. 따라서 유난히 A영역에 속하는 활동을 하느라고 항상 바쁘게 살아가는 사람은 혹시 그렇게 된 원인이 자신의 고질적인 '미루기 중독증' 때문이 아닌지 냉정하게 짚어보아야 한다.

시간관리와 관련한 한 연구 결과를 토대로 사람이 하루 동안 시간을 보내는 방식을 비율로 산정해보면, 대략 A영역 30%, B영역 10%, C영역 50%, D영역 10%의 분포를 보인다. 여기에서 알 수 있듯이 우리는 대부분 C유형의 활동을 하는 데 가장 많은 시간을 쓰고 있다. 하루 활동시간 가운데 50% 이상이 긴급하기는 하지만 별로 중요하지 않은 일을 하는 데 쓰이고 있는 것이다. A유형의 활동 역시 시간을 많이 들여야 한다. 활동시간의 3분의 1가량이 지금 당장 처리해야만 하는 중요하고도 긴급한 일에 들어가는 것이다.

결국 많은 사람이 중요성과는 관계가 없는 긴급한 성격

의 일을 하느라 하루 중 5분의 4 정도를 소모하는 셈이다. 그러나 다시 한번 강조하지만 긴급한 일 치고 중요한 일은 별로 없다. 아이젠하워의 말처럼 '긴급한 일일수록 중요한 일은 없고 중요한 일일수록 긴급한 일은 없는 것'이다. 긴급한 일의 포로가 되어 있는 사람은 대부분 '정신 없이 바쁘게 살아왔는데 도대체 남은 것이 없다'는 푸념을 늘어놓기 일쑤다. 알고 보면 매우 당연한 결과인데도 말이다.

우리가 긴급한 일의 함정에서 빠져나올 수 있는 유력한 방법은 C유형의 활동에 들어가는 시간을 B유형으로 돌리는 것이다. 50%에 달하는 C유형의 활동을 절반 이하로 줄이고 A유형의 활동 역시 10%포인트 정도 줄여 B유형의 활동에 배분한다면, 하루 중 가장 많은 시간을 긴급하지는 않지만 중요한 일을 하는 데 할애할 수 있는 것이다.

그렇게 하기 위해서는 중요성이 긴급성에 현혹되어 가려지지 않도록 무엇이 중요한 일이고 무엇이 덜 중요한 일인지 주로 중요성의 관점에서 업무를 파악하고 접근하는 습관을 들여야 한다. 그런데 무엇이 자기에게 진정으로 중요한 일인지 평가하는 가장 핵심적인 기준은 자기 삶에서 추구하려는 사명, 비전, 목표와 관계가 밀접하다.

이것이 뚜렷하면 무슨 일이 중요한지도 분명해진다.

그러나 인생의 사명이나 비전, 목표가 분명하지 않은 사람은 삶에서 정말 중요한 일이 무엇인지 분간하지 못하고 눈앞에 보이는 일을 해결하느라 허둥대는 것이다.

그러므로 시간관리의 성패는 A유형이나 C유형에 속하는 활동을 얼마나 B유형의 활동으로 전환할 수 있느냐에 달려 있다. B유형의 활동에 시간을 집중할 수 있을 때 비로소 우리는 시간에 쫓겨 살지 않으면서도 매우 생산적인 활동을 하면서 '마음에 평화'를 누릴 수 있다.

자신의 직업이나 삶에서 '성공으로 가는 길'은 B영역 안에서 시간을 얼마만큼 들이고 활동하느냐에 따라 결정된다. 남아 있는 미래의 삶에서 자신의 존재 이유를 명확히 규정하고 그렇게 살아가도록 사명과 비전과 목표를 설정하여 매일매일 실천에 옮기기 위하여 시간을 할애하는 모든 일이 바로 B영역 안에서 이루어지는 일이기 때문이다. 하루에 만나는 활동 가운데 50%의 일을 이 '성공 영역' 안에서 해낼 수 있다면 성공은 자동으로 보장된다. 그것은 남이 그렇게 해주는 것이 아니라 자기가 그렇게 만들어가는 것이다.

우리가 하루를 보내는 시간은 크게 나눠 직장시간·가정시간·자기시간으로 구분할 수 있다. 이것은 어느 것 하나도 소홀히 할 수 없는 성격의 것이다. 직장시간에는 업무시간, 상사·동료·부하직원과 같이하는 시간, 고객과 만나는 시간 등이 포함된다. 또한 가정시간에는 가족과 대화하는 시간, 식사시간, 특별 이벤트 시간 등이 포함된다. 한편 자기시간이란 건강관리시간, 독서, 취미활동 등 자아성장을 위한 자기계발시간을 말한다.

만약 이 세 가지 부류의 시간이 균형과 조화를 이루지 못한다면 부작용이 생길 수 있다. 예를 들어 오늘 저녁에는 퇴근하고 나서 조깅을 하거나 자기계발 차원에서 학원에 가기로 마음먹었다고 하자. 그런데 회사에 출근하고 보니 오늘 저녁에 부서 회식이 있단다. 이때 어떻게 해야 할 것인가? 대부분 발걸음은 회식자리로 향하게 된다.

주말에 가족과 야외로 드라이브를 하기로 약속했다. 그런데 갑자기 친한 친구 모임에서 주말 야유회를 계획했다는 연락을 받았다. 잠시 갈등을 겪다가 마음은 점점 주말 야유회로 쏠린다. 그렇게 해서 늘 뒷전에 밀리거나 포기해야 하는 것은 자기 자신과 가족이다. 그런데 이런 일이 계속되다 보면 균형이 무너져 탈이 난다.

세상에는 두 종류의 컵이 있다. 한두 번 떨어뜨린다 해도 깨지지 않는 '종이컵'과 단 한 번만 잘못 떨어뜨려도 금이 가거나 박살이 나는 '유리컵'이 그것이다. 우리는 일상의 삶에서 두 가지 컵을 번갈아가며 사용한다. 이때 주의할 것은 종이컵을 떨어뜨리지 않으려고 하다가 그만 유리컵을 떨어뜨려 깨트리면 그때는 아무리 후회해도 소용없다는 사실이다.

우리는 흔히 직장과 관련된 활동 때문에 가족이나 자신을 위한 활동을 포기해야 하는 경우가 많다. 그때마다 선택을 하기에 앞서 먼저 염두에 두어야 할 것은 어떤 것이 종이컵이고 어떤 것이 유리컵에 해당하는 것이냐는 점이다. 이것을 잘 알고 사용해야지 혼동하여 잘못 사용하면 자신의 삶이 깨져버린다는 사실을 기억해야 한다.

'삼위일체 시간관리'는 하루 시간을 균형 있게 사용하자는 것이다. 직장시간·가정시간·자기시간 가운데 어느 한쪽이라도 소홀히 하면 언젠가는 균형이 무너져 효과적인 삶을 유지하기가 어려워진다.

물이 가득 담겨 있는 1m 높이의 양동이가 있다. 그런데

중간인 50cm 높이쯤에 조그만 구멍이 하나 났다고 하자. 물은 조금씩 줄어들 것이다. 그러다가 시간이 지나면 양동이의 물은 50cm까지만 채워지게 될 것이다. 만일 양동이의 물을 삶에서의 행복이라고 하고 양동이를 행복을 담는 그릇이라고 한다면, 구멍이 생긴 그릇을 그대로 방치해두면 누수가 발생해 삶에서의 행복도 그 구멍이 난 부분까지 빠져나간다는 것이다.

건강의 균형이 무너지는 것은 우리 몸의 대부분이 부실하기 때문이 아니다. 다른 신체기관이 아무리 건강해도 어느 한 부위에 문제가 발생하면 건강은 문제가 된 수준만큼 약화되고 마는 것이다.

시간을 사용하는 것도 예외일 수 없다. 시간 사용의 밸런스가 무너지면 반드시 문제가 발생한다. 그리고 그 문제는 삶 전체에 심각한 불균형을 초래한다. 삶의 균형을 잃어버리는 사람은 대부분 전체에 문제가 있어서 그렇게 되는 것이 아니다. 직장시간·가정시간·자기시간 가운데 어느 한 부분에서 균형이 무너지면 전체가 흔들리고 마는 것이다.

삶의 비서실장을 고용하라

이제 우리는 성공적인 삶을 창조하고 자기 분야에서 성공적인 성취를 이루어내기 위해서는 자기가 하고 싶은 소중한 일을 하는 데 시간을 내야 하고, 그 핵심은 하루 활동을 직장시간·가정시간·자기시간과 관련된 B유형의 일 위주로 계획하고 실천하는 것임을 분명히 인식하게 되었다.

B유형의 활동을 계획해서 다른 덜 중요한 일이 끼어들지 못하도록 습관화하는 것은 시간관리와 자기관리 차원에서 가장 중요한 포인트라고 할 수 있다. 그것을 구체적

으로 실천하기 위해 우리는 매일 '일일계획(daily plan)'을 세워 그날의 중요한 이벤트들을 찾아낸 다음, 우선순위를 정하여 우선순위가 높은 활동 위주로 시간을 배정하고 실행해야 한다.

그렇다면 일일계획은 하루 중 언제 세우는 것이 가장 좋을까? 가능하다면 아침 시간에 계획을 세우는 것이 좋다. 아침 식사를 하기 전에 하루를 디자인하는 것은 그 자체만으로도 여유 있고 가슴 설레는 하루를 여는 비법이다. 그러나 꼭 그렇게 해야 하는 것은 아니다. 출근하는 지하철 안이나 출근하는 즉시 자신의 사무실에서 만나고 싶은 그날 하루의 삶을 디자인하는 것도 좋다. 아니면 자신의 라이프사이클이 밤늦은 시간이나 새벽까지 깨어 있어야 한다면 전날 밤에 다음날의 계획을 세우는 것도 무방하다.

그러나 계획을 머리 속으로만 짜는 것은 아무런 의미가 없다. 반드시 '라이프 플래너(life planner)' 같은 시간관리를 위한 도구를 가지고 그 안에 기재해야 한다. 전세계적으로 사람들이 가장 많이 애용하는 자기관리 파트너인 '프랭클린 플래너'의 경우, 7만 원만 투자하면 1년 동안 가장 훌륭한 '삶의 비서실장' 노릇을 톡톡히 해준다. 가장 가까이에 자신의 삶을 챙겨줄 유능한 비서실장 하나쯤

거느리고 산다면 얼마나 멋진 일인가! 그것도 연봉 7만
원에 고용할 수 있는 비서실장을 말이다.

성공적인 시간관리의 핵심 :
일일계획 세우기 3단계

계획을 세우기 위해 내는 하루 10~15분의 시간은 그날
하루는 물론이거니와 더 나아가 인생을 바꾸는 귀중한 시
간이 될 것이다. 따라서 이 시간은 어떤 일이 있어도 확보
해야 한다. 그런 다음 일일계획을 세울 때는 구체적으로
다음 세 단계를 거치는 것이 효과적이다.

첫째, 예정된 이벤트 리스트를 작성한다. 그날의 중요
한 이벤트에는 두 가지 종류가 있을 것이다. 예정된 일정
이나 약속 또는 행사는 고정된 시간에 먼저 배치한다. 예
를 들어 오늘 오후 3시~5시에 팀 미팅, 저녁 7시에 고객
과 저녁 약속이 잡혀 있다면 그 이벤트는 플래너에 가장
먼저 메모해두는 것이다.

둘째, 나머지 시간 동안 자신이 만나고 싶은 이벤트를
디자인한다. 이것이야말로 일일계획의 핵심 중의 핵심이

다. 하루 24시간 가운데 자신이 원하는 미래의 삶을 살 수 있도록 사명과 비전, 목표와 한 방향으로 일치할 수 있고 강점과 역량을 집중할 수 있는 일을 주도적으로 챙겨 활동시간 안에 적절히 배정하는 것이야말로 자신의 인생을 바꾸는 '자기혁명' 의 과업이기 때문이다.

건강을 관리하기 위해 저녁식사 후 조깅하는 시간을 계획하거나, 토익 공부할 시간을 배정하거나, 클래식 기타를 배우기 위해 학원에 갈 시간을 확보하거나, 독서할 시간을 별도로 마련하거나, 자녀들과 대화하는 시간을 확보하는 등의 이벤트는 자신이 시간을 내면 할 수 있지만, 시간을 내지 않으면 다른 일이 여지없이 그 자리를 비집고 들어오는 특성이 있다. 이러한 활동을 얼마나 실천하느냐가 삶의 건강지수를 나타내는 척도가 된다.

셋째, 하루에 있을 모든 이벤트 리스트를 중요도에 따라 A, B, C의 순서로 나눈다. 먼저 매우 중요한 일이어서 반드시 해야 하는 이벤트는 A로 분류한다. 여기에는 승진이나 자기계발을 위해 준비하는 활동, 건강관리를 위한 활동, 가족을 위한 특별한 활동 등이 포함된다. A에 해당하는 이벤트 중에서도 가장 중요한 것과 두 번째, 세 번째로 중요한 것이 있다. 이들의 순서는 A_1, A_2, A_3의 순으로 정하면 된다.

이들 활동의 우선순위는 시간대 별로 정하는 것은 아니다. 가치 중심으로 배정해야 한다. 그날의 가장 중요한 일을 오전시간에 해야 할 때도 있고 저녁시간에 해야 할 때도 있다. 따라서 시간 순서로 따지자면 A_3을 먼저 하고 A_1은 나중에 해야 한다. 예를 들어 A_3은 오전에 예정되어 있는 '팀 전략회의'이고 A_1의 이벤트는 저녁에 하기로 한 '토익공부'라면, 시간 순서로는 A_3을 먼저 하고 A_1을 나중에 하면 된다.

B는 A 다음으로 중요한 이벤트이다. 고객과 한 점심 약속, 정례적인 팀 미팅, 업무와 관련된 전화 등 자신이 평가한 가치에 따라 B그룹의 이벤트를 선택한다. C에 속하는 이벤트는 A와 B의 이벤트를 하고 난 다음에 선택하는 것이다. 이와 같은 요령으로 일의 우선순위를 정해 실행해나가면 하루 중 꼭 해야 할 일을 거의 빠뜨리지 않고 챙길 수 있어 점점 성공적인 삶으로 이끌 수 있다.

그러나 하루 일과가 반드시 계획한 대로 진행되는 것은 아니다. 때로는 예기치 않은 일이 생길 수 있는데, 이때는 유연성 있게 대처할 필요가 있다. 저녁에 조깅을 하기로 했는데 갑자기 친구가 병원에 입원했다고 하자. 이때 반드시 오늘 저녁에 병원에 가야 한다면 저녁 조깅은 포기해야 할 것이다. 그러나 내일 점심시간이나 퇴근시간을 이용하여 병원에 들를 수 있다면, 오늘은 예정대로 저녁에 조깅을 하고 내일의 일일계획에 '친구 문병'을 메모하고 그대로 실행하면 된다.

성공적인 시간관리의 징검다리 : 주간계획

잠깐! 그 전에 빠뜨려서는 안 될 일이 있다. 바로 주간계획을 세우는 일이다. 앞에서 우리는 이미 장기적인 관점에서 사명·비전·목표를 설정하는 것이 왜 필요하며, 어떤 성과를 가져오는지 자세히 언급한 바 있다. 현재의 관점에서 보았을 때 비전과 목표는 상당히 멀리 떨어져 있는 미래의 모습이다. 그렇지만 우리는 좀더 가까운 곳에서 그 비전과 목표를 확인할 수 있어야 한다.

강 건너편으로 가기 위해서는 다리가 있어야 하듯이 가려는 인생의 목적지로 수월하게 가기 위해서는 가교 같은 역할을 해주는 장치가 있어야 한다. 그것이 바로 주간계획이다. 주간계획은 중간 지점에 있으면서 장기적인 목표와 일일계획을 연결해주는 중요한 구실을 한다. 따라서 주간계획이 생략되면 일일계획이 자칫 초점을 잃고 엉뚱한 방향으로 흘러갈 수도 있다.

또한 주간계획을 좀더 효과적으로 세우기 위해서는 반드시 중요한 역할별로 목표를 세워 일일계획에 반영할 필요가 있다. 예를 들어 자기 자신의 역할, 남편이나 아내로서의 역할, 아빠나 엄마로서의 역할, 자식으로서의 역할, 직장인이나 직업인으로서의 역할, 형제자매로서의 역할, 종교나 취미활동과 관련된 역할 등 자신의 처지에 맞게 중요한 역할을 설정하고 그 역할별로 주간계획을 세우는 것이다.

예를 들어 자식으로서 부모님을 위해 이번 주에 하고 싶은 목표가 있다면 주간계획에 기록하고 주중에 그 목표를 실행할 수 있게 시간을 내는 것이다. 부모님을 모시고 저녁식사를 하고 싶으면 주중 가장 적합한 날을 정해 오붓한 시간을 마련할 수 있다. 안부 전화가 필요하다면 역시 주간계획에 포함시켜 부모님께 전화를 건다. 이런 방식으로 주간계획에 반영하지 않으면 부모님께 안부를 묻거나 별도의 시간을 내는 것은 늘 뒷전으로 밀려나게 된다.

마찬가지로 매일 하기로 마음먹은 어학공부나 건강관

리활동이 있다면 그것 역시 주간계획에 구체적으로 기록한 다음 일일계획에 반영해 실천하는 단계를 밟는 것이 효과적이다. 고객을 관리하고 신뢰받는 대인관계를 유지하기 위해서도 주간계획을 통해 이번 주에 챙겨야 할 소중한 사람이나 이벤트를 미리 준비해두는 것은 성공적인 직업인이 되기 위한 필수조건이다.

이처럼 주간계획은 가장 중요한 일이 무엇인지 잊지 않고 준비할 수 있도록 해준다. 또한 별로 중요하지 않은 일이 B유형의 일을 하지 못하게 방해하거나 끼어드는 것에서 보호해주는 방패막의 역할을 수행한다. 주간계획은 머리에서 가슴까지 30cm의 가깝고도 먼 강을 건너가게 해주는 징검다리 노릇을 하는 중요한 의미가 있다.

주간계획은 이렇게 세워라

이제 구체적으로 주간계획을 수립하는 과정을 따라가보기로 하자. 제1단계는 지난주를 평가해보는 것이다. 이것은 지난주에 했던 일을 되돌아보고 그 토대 위에서 이번 주를 더욱 효과적으로 계획하기 위해 필요하다. 이때

주의할 점은 지난주에 B유형의 활동을 하는 데 얼마만큼
의 시간을 투자했는지 살펴보고, 자신도 모르게 A나 C 또
는 D유형에 속하는 활동을 하는 데 빼앗긴 시간이 얼마
나 되는지 검토해보는 것이다. 지난주를 평가해보는 것은
이번 주에 더욱 B유형 위주로 시간관리를 하도록 도와주
는 의미 있는 일이다.

다음으로 제2단계는 사명과 비전 그리고 목표를 떠올
리는 것이다. 인생의 사명을 염두에 두고 장기적인 비전
과 목표를 어떻게 일상의 삶에 반영할 것인지 주간계획을
통해 준비하고 계획함으로써, 우리는 자신의 일상적인 삶
에서 진정으로 소중한 것이 무엇인지 잊지 않고 실천에
옮길 수 있다.

마지막으로 제3단계는 역할을 검토하는 것이다. 이는
역할별로 수행하고 싶은 목표를 설정하는 것과 관련이 있
다. 이번 주 7일을 미리 전망해볼 때 시간과 에너지 그리
고 열정과 역량을 집중하여 실행에 옮기고 싶은 주요한
역할이 무엇인지 찾아보는 것이다.

예를 들어 아빠로서 자녀에게 책을 선물하고 싶으면,
아빠의 역할에 '책 선물하기'를 기록하는 것이다. 그리고
주중에 가장 적당한 날을 골라 직접 서점에 들르거나 인

터넷 서점에서 책을 구입한다. 그렇지 않으면 책을 선물하는 일은 깜빡 잊고 지나가버린다.

또한 금요일에 업무와 관련한 중요한 프레젠테이션을 해야 한다면, 준비에 많은 시간을 할애해야 한다. 이러한 준비작업은 B유형의 활동에 속할 것이다. 프레젠테이션을 훌륭하게 진행하려면 임박해지기 전에 준비를 철저히 해야 한다.

따라서 주간계획에 직장인으로서의 역할에 '프레젠테이션 준비'를 기록하고 주초부터 철저하게 준비한다면 매우 훌륭하게 발표할 수 있을 것이고 그만큼 조직에서 유능한 사람으로 인정받을 수 있을 것이다.

그런데 그렇게 하지 않으면 동료와 술자리를 하거나 다른 일을 하느라 밀려나 있다가 주 후반에 가서야 부랴부랴 준비하게 되고 그 결과는 유능하지 못한 조직인의 멍에를 쓸 확률이 높아진다.

주간계획을 세우는 일은 자신의 인생 사명과 목표를 검토하고 B영역의 소중한 활동을 하도록 방향을 알려주는 '주간 나침반' 구실을 한다. 주간계획은 일상생활에서 자신이 원하는 삶의 방향으로 나아갈 수 있도록 안내해주는 등대 같은 귀중한 구실을 해주는 것이다.

그렇다면 주간계획을 세우기에 가장 좋은 때는 언제일까? 반드시 그렇지는 않지만 일요일 저녁이나 월요일 아침이 좋다. 한 주가 시작되기 전 그리고 긴급하지만 덜 중요한 일이 발생하고 끼어들기 전에 미리 주간계획을 수립해두면 자신이 원하는 보람찬 한 주일을 맞이할 수 있기 때문이다.

주간계획을 세우는 데는 많아야 20~30분 정도면 충분하다. 너무 세세한 부분까지 계획하려고 하지 말고 굵직한 이벤트 위주로 스케줄을 짜면 된다. 그 30분도 채 안 되는 시간은 일주일의 나머지 99%의 시간을 자신이 원하는 방향으로 유도할 수 있는 매우 소중한 시간이다.

꿈꾸는 것에 도전하라

꿈꾸는 것에 도전하라

나비는 아무 때나 날지 않는다. 자기 몸이 충분히 뜨거워져야 비로소 날아오르기 시작한다. 어느 화창한 봄날 자신의 배에 난 솜털이 햇빛을 흠뻑 받아 그 복사열로 체온이 30도가 되었을 때 나비는 비로소 하늘로 비상한다. 나비에게 30도는 생명의 에너지이자 세상에 대한 사랑의 온도다.

그리하여 흐린 날이나 비 오는 날이 아닌 햇살 좋은 맑은 날에 나비는 이 세상에 대한 사랑과 기쁨의 표시로 뜨거워진 몸을 들어올려 훨훨 날아오른다.

모든 사람은 비상하고 싶어한다. 그러나 모두 비상할 수 있는 것은 아니다. 나비가 뜨거워져야 날 수 있는 것처럼, 가슴속에 뜨거운 열정이 없으면 아무리 큰 날개가 있다 해도 이내 땅바닥에 곤두박질치거나 아예 벌벌 기어다닐 수밖에 없다.

우리가 직장이나 조직에서 받는 보수는 기본적으로 조직에 대한 기여도와 비례한다. 이때 얼마나 기여할 수 있느냐는 개인의 역량과 노력에 달려 있다.

물론 개인의 능력을 평가하는 가장 일반적인 잣대는 학력과 학벌이다. 아직도 우리 사회에는 대학을 나왔는지 여부와 어느 대학을 나왔는지가 개인의 능력을 진단하는 중요한 사회적 잣대로 작용하고 있음을 누구도 부인할 수 없다.

그러므로 만일 자신이 냉정히 생각해볼 때 학력이나 학벌에서 결코 내세울 만한 것이 없다면 다른 승부수를 준비해야 한다. 신통치 않은 학벌을 대신할 만한 객관적인 강점을 보여주든지, 아니면 스스로 자신만의 방법을 만들어 일반에 통용되게 해야 한다.

이미 고인이 된 현대그룹의 창업자 정주영 회장은 소학

교만 나왔는데도 현대를 한국 정상의 기업으로 일궈냈다. 서태지는 고등학교를 다니다 말았는데도 젊은이들의 우상으로 떠올랐다. 빌 게이츠는 대학을 중퇴했지만 마이크로소프트사를 창업하여 세계 최고의 기업으로 성장시켰다. 그들은 학력과 학벌이 불리한데도 자신의 분야에서 커다란 족적을 남겼다.

도전할 꿈이 있는 사람에게는 '불리한 환경'이란 존재하지 않는다. 왜냐하면 경제적으로 넉넉하지도 못하고, 소위 일류 대학 출신도 아니며, 이렇다 할 만한 집안의 배경도 없으므로, 오히려 더 잘해야겠다는 적극적이고 긍정적인 마인드를 가지고, 주어진 시간을 효과적으로 사용하며, 열정을 갖고 남보다 더 열심히 노력한다면, 얼마든지 자신의 역량을 최대한 발휘할 수 있기 때문이다.

마인드와 시간과 열정은 누구에게나 공평하게 주어져 있는 '성공의 3요소'다. 그리고 이 세 가지 성공 요소는 과거에 아무리 불리한 환경에 처해 있었다 하더라도 그것을 압도해버릴 수 있는 강력한 파워가 있다.

세상이 재미있는 것은 나이와 환경의 불리함을 극복하고 이 세 가지 히든카드를 적시에 꺼내어 '인생 역전'의 드라마를 보여주는 주인공들이 속속 출현하고 있다는 것이다. 그래서 세상은 살 만한 가치가 있는가 보다.

그러나 여전히 과거의 환경만을 들먹이며 물러나거나 포기하려는 사람들에게는 다른 방법이 없다. 그들은 이렇게 말한다. "가진 게 있어야 뭘 하지." "지금 이 나이에 뭘 할 수 있겠어." "하고는 싶은데 시간이 없어." 그 변명과 핑계가 오늘의 초라한 자신을 만들었고, 내일의 초췌한 자신을 만들 것이다. 그들이 앞으로 어떻게 살 것인가는 안 봐도 안다.

선천적인 환경도 불리한데다 누구에게나 공평하게 주어진 환경조차 제대로 활용하지 못하고 포기해버린다면 그것으로 게임은 이미 끝난 것이 아니겠는가.

하고 싶은 일이 있거든 더 늦기 전에 지금부터 그 일을 해보라. 해보지 않고는 자신이 그 일을 정말 좋아하고 잘하는지 알 수 없기 때문이다. 그렇게 몇 년 열심히 했는데도 이루지 못하면 어떤가? 한때 자신이 원하던 일을 마음껏 해보았다는 사실 하나만으로도 얼마나 값진 경험이고 소중한 자산이란 말인가.

정말 중요한 것은 그 일에서 성공했느냐 실패했느냐가 아니라, 하고 싶은 일에 최선을 다 했느냐 그렇지 못했느냐다.

하고 싶은 일에 열심히 도전하면 설사 그 분야에서 크게 성공하지 못한다 하더라도 나중에 무슨 일을 하든지 미련이 남지 않을 것이기 때문에 다른 일에 더 정진할 수 있고 나이가 들어서도 여한이 없는 법이다.

하고는 싶었지만 이런저런 이유 때문에 도전해보지도 못하고 포기해버린 사람은 세월이 흐를수록 두고 온 미련 때문에 번뇌한다. 그러니 꿈꾸는 것이 있으면 도전해야 한다. 삶은 성공과 실패로 평가하는 것이 아니라 꿈에 도전하는 데 아낌없이 투자했느냐 그렇지 않았느냐로 결판난다.

우리는 지금까지 자기를 발견하고 자기를 계발하는 낮설고 외로운 여정을 함께 걸어왔다. 세상을 한번 뜨겁게 살아보려고 무엇으로 뜨겁게 살 수 있는지 자신의 내면 깊은 곳까지 들어가서 뒤지고 찾아보았다. '너는 도대체 누구이고, 무엇을 하려고 세상에 왔으며, 과연 너답게 살아가고 있는지' 자신에게 묻고 대답하며 울기도 하고 웃기도 했다.

우리는 다시 삶의 여행을 계속해야 한다. 모든 여행에는 여행에 필요한 짐을 담을 가방이 필요하다. 우리는 여행 가방 안에 여행에 필요한 옷이나 준비물을 아무렇게나 쑤셔 넣을 수도 있고 하나씩 잘 접어서 넣을 수도 있다.

옷가지를 차곡차곡 접어서 넣으면 여행 가방 안에 더 많은 것을 담을 수 있다. 그러나 손에 잡히는 대로 마구 쑤셔 넣으면 많은 것을 담을 수 없다.

삶도 마찬가지다. 미리 준비하고 계획을 세워 생활하면 삶은 더 풍요로워진다. 더 소중한 일에 집중하기 때문에 삶이 더욱 성숙해지고, 가족이나 친구들과 더 많은 시간을 보낼 수 있으며, 직장에서도 인정을 받으며 살아갈 수 있다. 그러나 닥치는 대로 살아가면 불필요한 것으로 가득 차 정작 소중한 것은 담을 여유와 공간이 없어진다.

여행 가방 안의 짐은 잘못 넣으면 다시 꺼내어 담을 수 있다. 그러나 삶의 가방 안에 들어간 짐은 다시 꺼내고 새롭게 담을 수 없다. 준비 없이 아무렇게나 살아버린 사람의 삶은 마치 가방 안에 아무렇게나 넣어버린 옷가지처럼 구겨져버린 삶이 되기 쉽다.

여행을 떠날 때 챙겨야 할 물건이 있듯이, 삶의 여정에도 꼭 챙겨야 할 것이 있다. 우리는 각자의 삶의 가방에 무엇을 챙겨야 하는 것일까? 인생이라고 하는 한정된 시간과 공간의 가방에 꼭 넣어야 할 것은 무엇이고 넣지 않아도 될 것은 무엇일까?

이미 담아버린 것은 어찌 할 수 없다. 그러나 우리에게는 아직 더 담고 싶은 소중한 것과 그것을 담기에 충분한 삶의 공간이 있다.

아직 늦지 않았다. 남아 있는 인생의 시간을 무엇으로 채울 때 가장 아름다운 삶이 될 것인지 지금 그대의 선택이 미래의 삶의 모습을 결정할 것이다.

- 로리 베스 존스, 송경근 옮김, 《기적의 사명 선언문》, 한언, 2000.
- 리처드 N. 볼스, 조병주 옮김, 《당신의 파라슈트는 어떤 색깔입니까?》, 동도원, 2002.
- 송봉모, 《광야에 선 인간》, 바오로딸, 1998.
- 안셀름 그륀, 전헌호 옮김, 《참 소중한 나》, 성바오로, 2002.
- 앤서니 라빈스, 이우성 옮김, 《네 안에 잠든 거인을 깨워라》, 씨앗을 뿌리는 사람, 2002.
- 정균승, 《삶을 변화시키는 33가지 우화》, 이토, 2004.
- 찰스 핸디, 이종인 옮김, 《코끼리와 벼룩》, 생각의나무, 2001.
- 찰스 핸디, *The Age of Paradox*, Harvard Business School Press, 2003.
- 폴 D. 티거·바바라 배런-티거, 백영미·최석순 옮김, 《나에게 꼭 맞는 직업을 찾는 책》, 황금가지, 2002.
- 하영목, 《너의 꿈은 무슨 색깔이니》, 가산출판사, 2002.
- 한국리더십센터, 《퍼실리테이터 매뉴얼》, 한국리더십센터, 2001.

중앙경제평론사
중앙생활사

Joongang Economy Publishing Co./Joongang Life Publishing Co.

중앙경제평론사는 오늘보다 나은 내일을 창조한다는 신념 아래 설립된 경제 · 경영서 전문 출판사로서
성공을 꿈꾸는 직장인, 경영인에게 전문지식과 자기계발의 지혜를 주는 책을 발간하고 있습니다.

성공하는 직업인의 시간관리 자기관리
Manage Your Time & Your Life!

초판 1쇄 인쇄 | 2012년 6월 23일
초판 1쇄 발행 | 2012년 6월 28일

지은이 | 정균승(Kyunsung Chong)
펴낸이 | 최점옥(Jeomog Choi)
펴낸곳 | 중앙경제평론사(Joongang Economy Publishing Co.)

대　표 | 김용주
편　집 | 한옥수
기　획 | 정두철
디자인 | 이여비
인터넷 | 김회승

출력 | 국제피알　종이 | 한솔PNS　인쇄 | 태성문화사　제본 | 은정제책사

잘못된 책은 바꾸어 드립니다.
가격은 표지 뒷면에 있습니다.
ISBN 978-89-6054-092-7(13320)

등록 | 1991년 4월 10일 제2-1153호
주소 | ㉾ 100-826 서울시 중구 다산로20길 5(신당4동 340-128) 중앙빌딩 4층
전화 | (02)2253-4463(代) 팩스 | (02)2253-7988
홈페이지 | www.japub.co.kr 이메일 | japub@naver.com | japub21@empas.com
♣ 중앙경제평론사는 중앙생활사 · 중앙에듀북스와 자매회사입니다.

▶ 홈페이지에서 구입하시면 많은 혜택이 있습니다.

※ 이 도서의 **국립중앙도서관 출판시도서목록(CIP)**은 e-CIP 홈페이지(www.nl.go.kr/cip.php)에서
　이용하실 수 있습니다.(CIP제어번호: CIP2012002538)